淘宝皇冠店赚钱秘籍：拍摄、装修、推广

段智威　编著

兵器工业出版社

内 容 简 介

本书为想在淘宝开店赚钱的店主量身打造，旨在帮助每一位店主解决商品拍摄、店铺装修、网络推广的难题。全书共分 8 章，主要内容包括网店拍摄器材的选购、网店拍摄的基本知识、拍摄专业样片的诀窍、服装样片的拍摄基础、调色与人像精修、店铺装修与美化、网店推广的方法。通过对这 8 章的学习，读者可以全面提升网店竞争力，使店铺的商品脱颖而出。

本书适合专兼职网店店主阅读，也可作为网店拍摄摄影师的参考。

图书在版编目（CIP）数据

淘宝皇冠店赚钱秘籍 ：拍摄、装修、推广 / 段智威 编著. -- 北京 ：兵器工业出版社, 2012.1

ISBN 978-7-80248-686-7

Ⅰ. ①淘… Ⅱ. ①段… Ⅲ. ①电子商务－商业经营－基本知识－中国 Ⅳ. ①F724.6

中国版本图书馆 CIP 数据核字(2011)第 237657 号

出版发行：	兵器工业出版社	责任编辑：	赵成森　李　萌
发行电话：	010-68962596，68962591	封面设计：	深度文化
邮　　编：	100089	责任校对：	刘　伟
社　　址：	北京市海淀区车道沟 10 号	责任印制：	王京华
经　　销：	各地新华书店	开　　本：	889mm×1194mm 1/32
印　　刷：	北京博图彩色印刷有限公司	印　　张：	7 （全彩印刷）
版　　次：	2012 年 1 月第 1 版第 1 次印刷	字　　数：	225 千字
印　　数：	1-3 000	定　　价：	29.80 元

Preface 前言

淘宝网店的火爆让很多普通人都产生了网络致富的梦想。无论是专职卖家、白领一族、自由职业者还是在校学生，都希望通过网店的经营来拓展收入来源。不少朋友认为注册一个淘宝账号，配上商品图片，发布到淘宝网店，就会有生意上门，就能赚到钱。这种缺乏竞争和营销意识的想法，让很多人的网店零成交。

目前，市面上关于淘宝网店的图书已有很多。但是细看图书内容，多是在重复介绍网站注册、商品发布、支付宝使用等初级的电脑操作常识，远未涉及网店宣传和营销的知识层面。网店的宣传和营销，体现在对商品拍摄、店铺装修和商品推广三大方面。可以说，已有图书在讲如何把店开起来，而决定商品能不能卖出去的根本原因——拍摄、装修和推广却很少提及。

本书在内容方面的最大特点在于，不再重复广大读者耳熟能详的开店常识，而将主要篇幅放在网店拍摄、装修与推广上。商品拍摄效果好，会增强商品竞争力和说服力，带给买家难忘的第一印象；店铺的装修风格，决定了访问人气和收藏量；推广手段和力度，决定了商品最终能否销售出去。可以说，拍摄、装修和推广是淘宝网店经营的赚钱秘籍。本书将这些秘籍结合，是指导淘宝店主提升商品竞争力，实现网络致富的最佳读物。

本书结合资深商业摄影师、淘宝网店店长、当红网络模特多年的拍摄、装修、推广经验，从实际出发，重视理论与实践的结合，使店主们在短期内迅速掌握提升网店竞争力和宣传力的技巧。同时，对那些立志在网店拍摄领域有一定建树的摄影师来说，也极具指导意义。

本书由段智威编著，吴陶陶、梁剑、姚锰、刘啸宇、陈媛、廖瑞雪、司霁、李艺、邵文奇也参与了本书部分章节的编写，在此予以感谢。

尽管力求对书中的案例精益求精，但疏漏之处在所难免，恳请读者批评指正。

编著者

Contents 目录

第1章 网店拍摄器材的**选购**

第2章 网店拍摄的基本知识

第3章 完美展现您的商品——拍摄专业样片有诀窍

第4章 美女服装样片的**拍摄基础**

第5章 唯美调色与**人像精修**

第6章 店铺装修与**美化**

完善您店铺的**每一个环节**

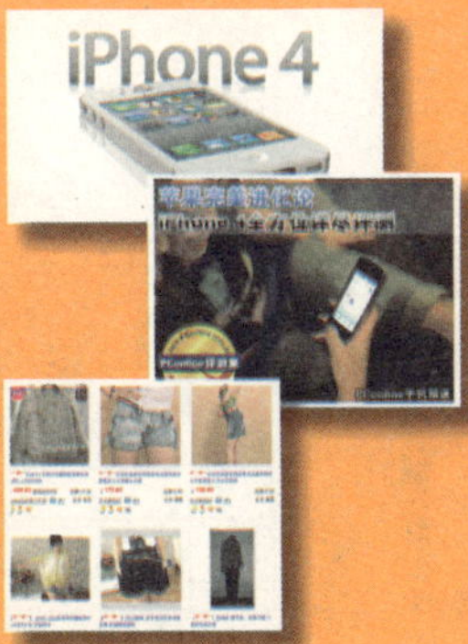

第8章 成交是王道
——推广店铺应该这么做

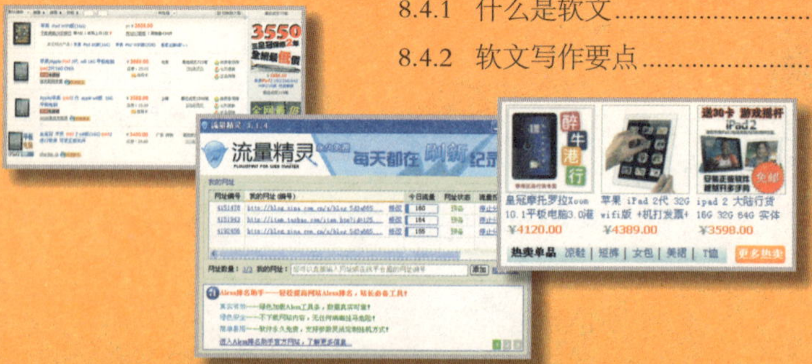

第1章

网店拍摄器材的**选购**

经营网店，无论您销售的是何种类型的产品，除了对产品进行必要的文字描述外，产品样片能否激起消费者的购买欲也十分重要。由于网店不同于实体店，消费者在付款收到实物以前，物品是虚拟的，只有当消费者拿到商品后它才成为实物。因而消费者只能通过样片判断产品的相关属性，样片的质量与精美程度能左右消费者对产品好坏、真伪的主观判断。

相机是开设网店必不可少的基础工具。很多皇冠、钻石级卖家，尽管会花很高的价钱去聘请摄影师为产品拍摄样片，但是他们自己也会常备一台相机，很多样片也需要他们自己独立完成。

无论销售的宝贝体积有多大，都应该选择一台能稳定工作的数码相机。看到这，很多读者肯定会有所疑惑，难道还有数码相机不稳定工作么？实际上，尽管数码相机发展至今十余年，工艺非常成熟，但是作为网店专用的拍摄相机，我们对它的要求还是十分苛刻的：它必须胜任一些高强度的连续拍摄，而且即使在光源复杂的环境也能拍出画面清晰的高质量照片。因此，一些千元以内的数码卡片相机就很难完成这些工作。

1.1 中高端数码相机的选购

由于考虑成本，如果卖家不想投入过高购买单反相机，又追求较高的拍摄效果，可以考虑中高端的数码相机。新手卖家应尽可能去购买 2000～3500元级别的中高端数码相机，尤其是高端的旗舰机型。中高端数码相机具有一些共同特点：

1）画质堪比数码单反；
2）真实还原物品色彩；
3）白平衡更加精准；
4）便携性强；
5）不需要再另购镜头。

下面推荐几款性价比都很不错的中高端数码相机供参考。

1.1.1 佳能 PowerShot G12

佳能PowerShot G12相机（图1.1）配置28mm广角和5倍的光学变焦，焦段涵盖了从广角到中长焦。此外，PowerShot G12还可以实现1cm的微距拍摄，可以利用这个功能来拍摄商品的细节。另外该相机新加入了“HS SYSTEM”的应用，HS SYSTEM即高感光度图像感应器和DIGIC影像处理器，二者相结合，从而在高感光度下也可拍出低噪点的漂亮照片，在现有数码相机不擅长的昏暗场景中也可发挥强大的优势，扩大了用户的拍摄范围。

图1.1 佳能PowerShot G12相机

该相机的基本参数如表1.1所示。

表1.1 佳能PowerShot G12相机基本参数

CCD/CMOS尺寸		1/1.7"CCD(高感光度)
有效像素数		约1000万
最大高清短片拍摄		720P
镜头	焦距(相当于35mm照相机)	28～140mm
	最大光圈	F2.8(广角)/4.5(长焦)
	对焦范围	1cm——无限远(广角) 30cm——无限远(长焦) 微距:1～50cm(广角) 30～50cm(长焦)
	光学防抖	支持
光学变焦		5
自动对焦系统		智能面部优先/中央/自由移动对焦框/自动跟踪对焦
取景器		真实图像变焦取景器
LCD		2.8"LCD，约46.1万点，可旋转
测光方式		评价测光/中央重点平均测光/点测光

1.2.2 佳能 PowerShot S95

佳能 PowerShot S95相机（图1.2）的配置不逊色与G12，广角同样达到了28mm和3.8倍光学变焦。当然，它最大的特点是加入F2.0超大光圈镜头，这连很多专业单反镜头都望尘莫及。超大光圈可以使拍摄者即使处在较暗环境下，也可以选择更快的快门速度进行拍摄，从而可以进一步防止因相机抖动和被拍摄主体晃动造成的图像模糊，获得清晰的画面。当然，最重要的是，F2.0大光圈镜头还有利于拍出主体清晰、背景虚化的照片，让整个照片看上去层次分明。同样，PowerShot S95也加入了“HS SYSTEM”的应用。

图1.2　佳能 PowerShot S95

该相机的基本参数如表1.2所示。

表1.2　佳能 PowerShot S95的基本参数

CCD/CMOS尺寸		1/1.7"CCD(高感光度)
有效像素数		约1000万
最大高清短片拍摄		720P
镜头	焦距(相当于35mm照相机)	28～105mm
	最大光圈	F2.0(广角)/4.9(长焦)
	对焦范围	5cm——无限远(广角) 30cm——无限远(长焦) 微距:5～50cm(广角) 30～50cm(长焦)
	光学防抖	支持
光学变焦		3.8
自动对焦系统		智能面部优先/中央/自动跟踪对焦
取景器		–
LCD		3.0"LCD，约46.1万点
测光方式		评价测光/中央重点平均测光/点测光

1.1.3　松下LX5

作为LX3的升级机型，该产品采用了全新设计的CCD、镜头以及图像处理引擎，它重新设计的1010万像素CCD传感器面积为1/1.63in，通过增强灵敏度及饱和度，扩展了动态范围，最高可将感光度设为ISO 12800。该机型更新了维纳斯修正引擎FHD，提高了摄影及摄像的信号处理能力。松下为LX5配备了最大光圈为F2.0的超广角徕卡DC VARIO- SUMMICRON镜头，广角端达到了24mm。光学变焦倍数也由LX3的2.5倍（60mm）增加到了3.8倍（90mm）。镜头单元由9组10枚镜片构成，其中包含3枚非球面镜片。另外，可变光圈还可供使用者以手控形式精确地调整光圈。

其他方面，该机配备了iA（智能自动）模式，可以让用户轻松舒适使用。Power O.I.S.（增强光学防抖）、个人识别、AF（自动聚焦）追踪、智能ISO控制、智能场景选择、智能曝光均可用于摄影，还可将Power O.I.S.、人脸检测、智能场景选择以及智能曝光等功能用于摄像。一旦进入iA模式，就会自动启用这些功能，即使是初学者也能轻松使用。

图1.3　松下LX5

松下LX5的基本规格如表1.3所示。

表1.3　松下LX5的基本规格

CCD/CMOS尺寸		1/1.63"CCD
有效像素数		约1000万
最大高清短片支持		720P
镜头	焦距(相当于35mm照相机)	24～90mm
	最大光圈	F2.0(广角)/3.3(长焦)
	对焦范围	不详
	光学防抖	支持
光学变焦		3.8
自动对焦系统		智能面部优先/中央/自动跟踪对焦
取景器		–
LCD		3.0"LCD，约46.1万点
测光方式		评价测光/中央重点平均测光/点测光

以上机型都是2011年之后问世的较新机型，列举出来只是抛砖引玉。实际上，无论各厂家如何推陈出新，新一代数码相机的性能相比上一代版

本，升级幅度都不是很大。毕竟民用光电技术早已到达一个高度，再提升，空间已经不是很大了。因而这些新机器的前几代版本各方面性能参数都已经足够强悍，完全符合拍摄需要，而且价格相对低廉许多，虽然年代过早的已经停产，但是还有些较新的机型还有少量库存，比如佳能PowerShot G11，PowerShot S85以及LX3等等。

1.2 数码单反相机到底比普通数码相机好在哪

随着价格门槛的降低，数码单反相机越来越普及。很多店长都出于对数码单反相机画质能力的信任，给自己的小店配备了数码单反相机。

但是不少店主购买数码单反相机后，遇到了一大堆拍摄方面的问题，同时不少店主反映很难用好数码单反相机，很多时候都拍不出满意的照片，甚至还不如普通数码相机的拍摄效果。出现这些问题的根源在于：使用者还没有真正了解什么是数码单反相机，数码单反相机对比普通数码相机的优势在哪里。要使用好数码单反相机，就需要掌握数码单反相机的基本知识。

1.2.1 什么是数码单反相机

数码单反相机，即DSLR（Digital Single Lens Reflex），这是当今最流行的取景系统，大多数35mm照相机都采用这种取景器。在这种系统中，反光镜（又称“反光板”）和棱镜的独到设计使得摄影者可以从取景器中直接观察到通过镜头的影像。因此，可以准确地看见感光元件（CCD/CMOS）即将“看见”的相同影像。该系统的心脏是一块活动的反光镜（如图1.5浅蓝色部分），它呈45°角安放在胶片平面的前面。进入镜头的光线由反光镜向上反射到一块毛玻璃上，由于反射到毛玻璃的影像是倒立的，因此在毛玻璃的上方又安装了一个五棱镜。这种棱镜将光线多次反射改变光路，将影像其送至目镜，这时的影像就是上下正立且左右校正的了。取景时，进入照相机的大部分光线都被反光镜向上反射到五棱镜，几乎所有DSLR照相机的快门都直接位于CCD/CMOS的前面（由于这种快门位于CCD/COMS平面，因而称作焦平面快门），取景时，快门闭合，没有光线到达CCD/CMOS。当按下快门按钮时，反光镜迅速向上翻起让开光路，同时快门打开，于是光线到达CCD/CMOS，完成拍摄。然后反光镜会立即复位。

图1.4为佳能全画幅数码单反1Ds Mark III。图1.5为数码相机图像传感器

（感光元件CCD/CMOS）。

图1.4 佳能全画幅数码单反1Ds Mark III

图1.5 数码相机图像传感器（感光元件CCD/CMOS）

1.2.2 更大尺寸的感光元件（CCD/CMOS）带来质的飞跃

数码单反相机和普通数码相机，都是通过感光元件成像的，但是数码单反相机的感光元件尺寸更大。图1.6为各种规格的CCD/CMOS尺寸大小比较图。

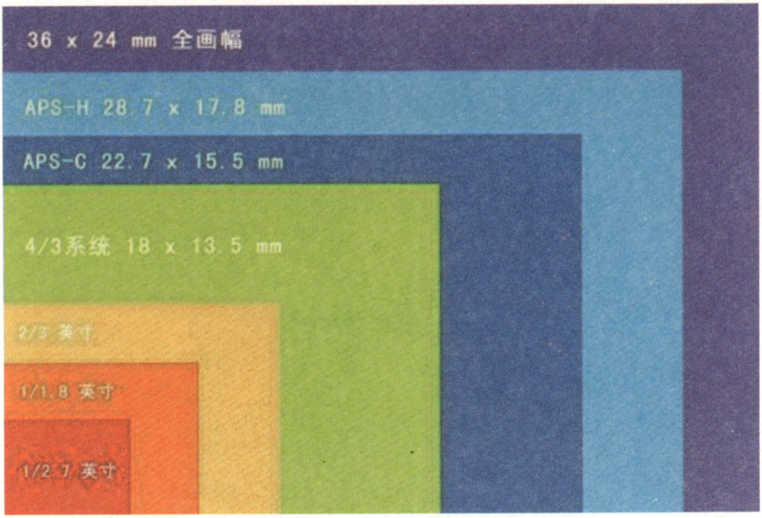

图1.6 各种规格的CCD/CMOS尺寸大小比较图

单反的感光元件尺寸一般分4个规格——全画幅，APS-H，APS-C，4/3系统，而普通数码相机感光元件尺寸一般1/2.7英寸和1/1.8英寸。

由于数码单反相机的感光元件尺寸普遍远远大于普通数码相机，从而可以凭借较大的感光面积获得图像性能方面的优势——宽容度更大、暗部细节表现更好、高感光度画面更纯净。

此外，由于数码单反相机的CCD/CMOS要大得多，因而能使用大口径、高品质镜头，从而获得背景虚化的效果。图1.7为数码单反相机和普通数码相机的虚化效果对比。

图1.7 数码单反相机和普通数码相机的虚化效果对比

将数码单反相机和普通数码相机的镜头光圈都设置成为F 2.5，使用相同的参数拍摄了同一物体。可以看到，单反相机背景虚化完美，突出了主体。

然而普通数码相机拍出来的照片背景和主体一样清晰，画面主体不突出，画面缺乏趣味性。

1.2.3 可更换镜头带来灵活多变的拍摄

单反镜头分为定焦镜头和变焦镜头两大类。按照功能来划分，又有广角镜头、长焦镜头、标准镜头、微距镜头之分，各种镜头都能在其擅长的领域内保证最佳的光学素质，这是不能更换镜头的普通数码相机无法比拟的。图1.8所示为佳能可更换镜头。

对于淘宝拍摄，为了使商品达到最佳的拍摄效果，单反镜头的选择非常重要。后续章节将介绍一些实用性强、性价比高、适合淘宝摄影的单反镜头。

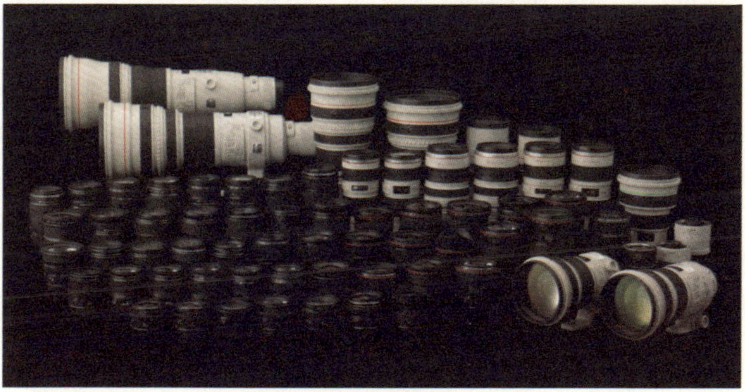

图1.8 佳能可更换镜头

1.2.4 对焦迅速，事半功倍

数码单反相机采用单反独有的AF感测器对焦，AF感测器可以通过多种方式确定是否合焦，分主动式和被动式两种。主动式是AF感测器通过发射红外线、超声波或激光，然后接受反光。优点是可以用于细线条物体和动体，也可以在低反差、弱光下对焦。被动式通过接受景物自身的反光实现对焦。优点是不要发射系统，耗能小，易小型化，可以在逆光下或透过玻璃对焦。

这样的对焦方式比普通数码相机的更高效更准确，加之数码单反相机启动速度更快，快门时滞更短，能大大缩短我们的拍摄时间。

图1.9为佳能1D系列单反的对焦系统，每一个对焦点都可以迅速完成对焦，并且可以选择默认的45点对焦，并提供手动选择19点对焦、11点对焦和9点对焦。

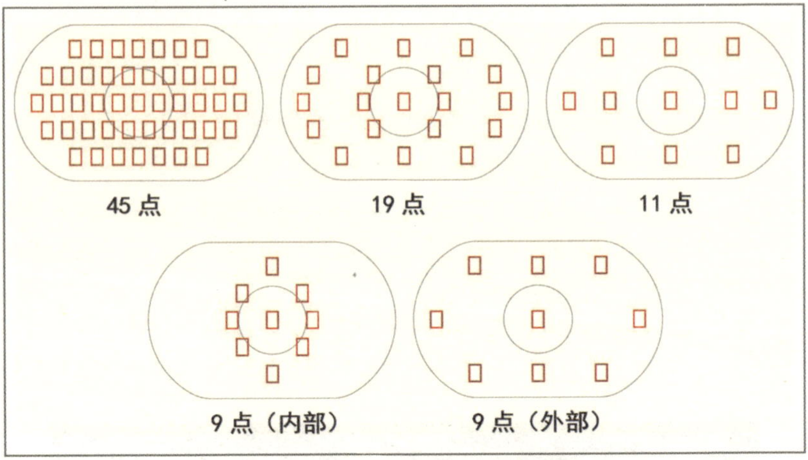

图1.9 佳能1D系列单反的对焦系统

1.3 单反镜头的挑选

可能有人会问，为什么没有提及单反相机的选购，而直接提到了单反镜头的选购呢？其实对于数码单反相机的成像效果，镜头比机身的影响更大。不同的机身，搭配同规格的镜头，成像差别并不大，但是不同规格的镜头后，在同一款机身上，成像效果可就天壤之别了。如今，就算是最低档的数码单反机身，只要搭配合适的镜头，足以满足淘宝摄影的苛刻要求，能够拍出专业的照片。由此可见，选择合适的镜头才是关键。

在购买单反的时候，商家都会推荐买套机，可是这些廉价易用的套机所搭配的镜头很难完成网店拍摄这样较为高端的应用。如果花了上万元的大价钱，却买来了不合适的镜头，岂不更加浪费？这里，提倡购买最有性价比，能满足我们拍摄需求的高质量高性价比镜头。

以下推荐的佳能、尼康和索尼镜头都是市场上主流单反所使用的镜头，它们价格适中，成像质量好，性价比高，可以应对各种商品拍摄。

1.3.1 佳能数码单反相机镜头推荐

（1）佳能EF 50mm F2.5 Macro镜头

佳能EF 50mm F2.5 Macro 镜头如图1.10所示。

图1.10 佳能EF 50mm F2.5 Macro镜头

该镜头的主要性能及参数如表1.4所示。

表1.4 佳能EF 50mm F2.5 Macro镜头的主要性能参数

主要性能	
镜头定位	135mm全画幅镜头
镜头用途	微距镜头
镜头类型	定焦
镜头结构	8组9片
镜头卡口	佳能EF卡口
变焦方式	无变焦
滤镜尺寸	52mm
驱动马达	AFD
光学参数	
最大光圈	F2.5
最小光圈	F32
光圈叶片数	6片
焦距范围	50mm
最近对焦距离	0.23m
最大放大倍率	0.5倍
视角范围	水平：40° 垂直：27° 对角线：46°

续表

其他参数	
镜头直径	67.6mm
镜头长度	63mm
镜头质量	280g

当一支镜头后面标注Macro时，即表示这是一支微距镜头，同时它又是一支标准定焦，所谓定焦无弱旅，微距无弱头，但一支镜头同时兼顾了微距和定焦，解像力可想而知有多出色。它具有F2.5的超大光圈，可以带来完美的背景虚化。无论是拍摄珠宝首饰或是室内室外人像服装，都能很好地胜任。

（2）佳能EF 28-135mm F4.5-5.6 IS USM镜头

佳能EF 28-135mm F4.5-5.6 IS USM镜头如图1.11所示。

图1.11　佳能EF 28-135mm F4.5-5.6 IS USM镜头

佳能EF 28-135mm F4.5-5.6 IS USM镜头的主要性能参数如表1.5所示。

表1.5　佳能EF 28-135mm F4.5-5.6 IS USM镜头主要性能参数

主要性能	
镜头定位	135mm全画幅镜头
镜头用途	标准镜头
镜头类型	变焦
镜头结构	12组16片
镜头卡口	佳能EF卡口
变焦方式	伸缩式镜头
滤镜尺寸	72mm
驱动马达	USM
遮光罩	EW-78B II

续表

光学参数	
最大光圈	F3.5-5.6
最小光圈	F22-36
光圈叶片数	6片
焦距范围	28-135mm
最近对焦距离	0.5m
最大放大倍率	0.19倍
视角范围	水平：65° ～15° 垂直：46° ～10° 对角线：75° ～18°
防抖性能	光学防抖
其他参数	
镜头直径	78.4mm
镜头长度	96.8mm
镜头质量	540g

作为佳能最有性价比的一支标准变焦镜头，焦段涵盖了广角端和长焦端，可以说非常全面；设有佳能IS影像稳定器，保证画面的清晰度；USM环形超声波马达提供畅顺无声的自动对焦，并允许全时手动对焦；最近对焦距离为0.5m，配合该镜的长焦端，完全可以拍出让人满意的细节图。

相比EF50mm F2.8 Macro，EF 28-135mm F4.5-5.6 IS USM价格方面会贵一些，但是使用更加方便。

（3）佳能 EF-S 17-85mm F/4-5.6 IS USM镜头

佳能 EF-S 17-85mm F/4-5.6 IS USM 镜头如图1.12所示。

图1.12 佳能 EF-S 17-85mm F/4-5.6 IS USM镜头

佳能 EF-S 17-85mm F/4-5.6 IS USM镜头的主要性能参数如表1.6所示。

表1.6　佳能 EF-S 17-85mm F/4-5.6 IS USM镜头主要性能参数

主要性能	
镜头定位	APS画幅镜头
镜头用途	标准镜头
镜头类型	变焦
镜头结构	12组17片
镜头卡口	佳能EF卡口
变焦方式	伸缩式镜头
滤镜尺寸	67mm
驱动马达	USM
遮光罩	EW-73B
光学参数	
最大光圈	F4.0-5.6
最小光圈	F22-F32
光圈叶片数	6片
焦距范围	17～85mm
等效焦距	27.2～136mm
最近对焦距离	0.35m
最大放大倍率	0.2倍
视角范围	水平：68° 40′ ～15° 垂直：25° 48′ ～10° 25′ 对角线：78° 30′ ～18° 25′
其他参数	
镜头直径	78.5mm
镜头长度	92mm
镜头质量	475g

虽然佳能已经升级了广角端更强力的EF-S 15-85mm F3.5-5.6 IS USM，但是价格偏高，近两倍于EF-S 17-85mm F/4-5.6 IS USM的价格，加之作为网店拍摄使用的镜头，并不需要广角，这支EF-S 17-85mm F/4-

5.6 IS USM的价格优势就很明显。内置IS影像稳定器，相当于提高3档快门速度。使用玻璃铸模双面非球面镜片和优化的镜头镀膜，成像素质优异。采用圆形光圈，可全时手动对焦。美中不足就是这支镜头不支持全画幅镜头，因此佳能5D MARK II和1DS系列的用户就与它无缘了。

（4）佳能EF 28–105mm F3.5–5.6 USM II

佳能EF 28–105mm F3.5–5.6 USM II镜头如图1.13所示。

图1.13 佳能EF 28–105mm F3.5–5.6 USM II镜头

佳能EF 28–105mm F3.5–5.6 USM II镜头的主要性能参数如1.7表所示。

表1.7 佳能EF 28–105mm F3.5–5.6 USM II镜头主要性能参数

主要性能	
镜头定位	135mm全画幅镜头
镜头用途	标准镜头
镜头类型	变焦
镜头结构	12组15片
镜头卡口	佳能EF卡口
变焦方式	伸缩式镜头
滤镜尺寸	58mm
驱动马达	USM
遮光罩	EW–63II
光学参数	
最大光圈	F3.5–F4.5
最小光圈	F22–F27（29）

续表

光圈叶片数	7片
焦距范围	28～105mm
最近对焦距离	0.5m
最大放大倍率	0.07（28mm端）0.19（105mm端）倍
视角范围	水平：65° ～19° 20′ 垂直：46° ～16° 对角线：75° ～23° 20′
其他参数	
镜头直径	72mm
镜头长度	75mm
镜头质量	375g

EF 28–105mm F3.5–4.5 USM II常常被称之为平民的法拉利，广受用户好评，性价比极高。虽然没有IS影像稳定器，却保留内置的环形USM超声波马达，能提供宁静高速的自动对焦和全时手动对焦。焦段覆盖非常广泛，长焦端光圈也达到了F4.5，在平民变焦镜头里已经很少见了，背景虚化能力尚可。另外作为全画幅镜头，它支持佳能所有机型。

1.3.2 尼康数码单反相机镜头推荐

（1）尼康AF–S 尼克尔 35mm F1.8G

尼康AF–S 尼克尔 35mm F1.8G镜头如图1.14所示。

图1.14 尼康AF–S 尼克尔 35mm F1.8G镜头

尼康AF–S 尼克尔 35mm F1.8G镜头的主要性能参数如表1.8所示。

表1.8 尼康AF-S 尼克尔 35mm F1.8G镜头主要性能参数

主要性能	
镜头定位	APS画幅镜头
镜头用途	标准镜头
镜头类型	定焦
镜头结构	6组8片（1个非球面镜片）
镜头卡口	尼康F卡口
对焦方式	M/A（手动优先自动对焦）和M（手动对焦）
变焦方式	无变焦
滤镜尺寸	52mm
驱动马达	SWM
遮光罩	HB-46
主要功能	适用于D40，D40X，D60
光学参数	
最大光圈	F1.8
最小光圈	F22
光圈叶片数	7片
焦距范围	35mm
等效焦距	52.5mm
最近对焦距离	0.3m
最大放大倍率	0.16倍
视角范围	44°
其他参数	
镜头直径	70mm
镜头长度	52.5mm
镜头质量	200g

从规格上看，尼康这支AF-S 35mm F1.8G属于小广角镜头，其实它是尼康专门为APS-C画幅单反设计的标准镜头，采用经典的双高斯结构，成像非常优异；拥有尼康独特的内置超声波马达（SWM），在快速自动对焦时形成高准确度和安静操作；更大更明亮的F1.8大光圈，虚化效果更加出色；加之千元级的价格，再也找不到比它更有性价比的镜头了。要说到唯一的缺点，

就是不支持全画幅单反，如果您是尼康D3/D3X/D3S以及D700用户，就要与这支镜头无缘了。

（2）尼康AF-S 尼克尔 24-85mm F3.5-4.5G 镜头

尼康AF-S 尼克尔 24-85mm F3.5-4.5G镜头，如图1.15所示。

图1.15 尼康AF-S 尼克尔 24-85mm F3.5-4.5G镜头

尼康AF-S 尼克尔 24-85mm F3.5-4.5G镜头的主要参数性能参数如表1.9所示。

表1.9 尼康AF-S 尼克尔 24-85mm F3.5-4.5G镜头主要性能参数

主要性能	
镜头定位	135mm全画幅镜头
镜头用途	广角镜头
镜头类型	变焦
镜头结构	11组15片
镜头卡口	尼康F卡口
对焦方式	M/A（手动优先自动对焦）和M（手动对焦）
变焦方式	伸缩式镜头
滤镜尺寸	72mm
遮光罩	HB-25
光学参数	
最大光圈	F2.8-F4.0
最小光圈	F22-F32
光圈叶片数	9片

续表

焦距范围	24～85mm
最近对焦距离	0.5m
最大放大倍率	1/5.9倍
视角范围	带有35mm（135）格式的摄像角度：84°～28° 30′ 运用Nikon DX 格式的摄像角度：61°～18° 50′
其他参数	
其他性能	改进了光学计算公式，使锐度，对比度和色彩的表现更出色，带来全面提升的图像。 ED（超低色散）镜片可以最大程度地减少色差，能产生优美的清晰度和对比度。 即使是在最宽光圈值，非球面镜头（包括大直径PGM元件）也能消除各种色差。 纳米结晶涂层可以消除内部镜头元件的反射，从而有效降低重影和光晕。 尼康高性能超级镀膜能产生优越的色彩再现效果，同时会降低重影和光晕。 IF（内部对焦）对焦时不会改变镜筒的长度。 尼康特有的宁静波动马达，可使自动对焦既快速又安静。 即使在AF伺服操作下，M/A模式也允许直接从自动对焦转换到手动对焦，而且几乎没有时滞。 专用花瓣形镜头遮光罩可有效降低散射光。 镜筒把持舒适，并加入了防滑设计；变焦和对焦环可提供平稳的操作 。 按照尼康专业D-SLR标准设计，可有效防尘和防潮。
镜头直径	78.5mm
镜头长度	82.5mm
镜头质量	545g

作为一款尼康高质量的变焦镜头，同样内置了尼康独有的超声波马达（SWM）。这支镜头体积小巧，便于携带。镜头还拥有ED (超低散射)玻璃和非球面镜头元件功能，可将色差失真减少到最小化，并可生成高级总体光学性能。无论是全画幅还是APS-C画幅，都能很好地发挥这支镜头的特性，完全满足我们商品拍摄需求。

（3）尼康 AF-S DX尼克尔 16-85mm F/3.5-5.6G ED VR

尼康 AF-S DX尼克尔 16-85mm F/3.5-5.6G ED VR镜头，如图1.16所示。

图1.16 尼康 AF-S DX尼克尔 16-85mm F/3.5-5.6G ED VR镜头

尼康 AF-S DX尼克尔 16-85mm F/3.5-5.6G ED VR镜头主要性能参数如表1.10所示。

表1.10 尼康 AF-S DX尼克尔 16-85mm F/3.5-5.6G ED VR镜头主要性能参数

主要性能	
镜头定位	APS画幅镜头
镜头用途	广角变焦
镜头类型	变焦
镜头结构	11组17片（包含2片ED镜片和3片非球面镜片）
镜头卡口	尼康F卡口
对焦方式	M/A（手动优先自动对焦）和M（手动对焦）
变焦方式	伸缩式镜头
滤镜尺寸	67mm
驱动马达	SWM
遮光罩	HB-39
光学参数	
最大光圈	F3.5-5.6
最小光圈	F22
光圈叶片数	7片
焦距范围	16～85mm

续表

等效焦距	24～127.5mm
最近对焦距离	0.38m
最大放大倍率	0.22倍
视角范围	83° ～18° 50′
防抖性能	光学防抖（VR II）
其他参数	
镜头直径	72mm
镜头长度	85mm
镜头质量	约485g

实用主义者必选尼康 AF-S DX尼克尔 16-85mm F/3.5-5.6G ED VR，虽然它的价格相对略高，但是尼康毕竟为了打造这支镜头不惜血本，采用了2片高端镜头才使用的ED超低色散镜片，以及3个非球面镜片，可以最大程度地减少色差，提供了高分辨率和高对比度的影像。尼康的超级镀膜确保出色的色彩平衡和色彩还原，大大地降低了鬼影和眩光。7片圆形光圈叶片使焦外成像显得更为自然丰满。内置了尼康VR减震II系统，可以有效防止相机晃动。整支镜头的表现令人称赞。因此，这支镜头略高的售价也在情理之中。虽然只适合APS-C画幅单反，比如尼康D90、D5100、D7000，D300s之类的，但是却能发挥APS-C画幅机器最大的解像力。

1.3.3 索尼数码单反相机镜头推荐

（1）索尼DT50mm F1.8 SAM

索尼DT50mm F1.8 SAM 镜头如图1.17所示。

图1.17 索尼DT50mm F1.8 SAM镜头

索尼DT50mm F1.8 SAM镜头的主要性能参数如表1.11所示。

表1.11　索尼DT50mm F1.8 SAM镜头主要性能参数

主要性能	
镜头定位	APS画幅镜头
镜头用途	标准镜头
镜头类型	定焦
镜头结构	5组6片
滤镜尺寸	49mm
驱动马达	SAM
光学参数	
最大光圈	F1.8
最小光圈	F22
光圈叶片数	7片
焦距范围	50mm
等效焦距	75mm
最近对焦距离	0.34m
最大放大倍率	0.2倍
视角范围	32°
其他参数	
镜头直径	70mm
镜头长度	45mm
镜头质量	约170g

索尼的镜头在同规格的镜头里，往往价格要高出一些，但是在一些专业参数上，比同规格的其他厂家镜头要好很多，比如这支最大光圈F1.8，焦距50mm的索尼DT50mm镜头，它提供了其他厂家这一规格镜头里所没有的圆形光圈，圆形光圈可提供更加优美的背景散焦效果。固定焦距的光学设计可提供较高的对比度、分辨率和静态图像质量。镜头中装有新开发的平滑自动对焦马达，让自动对焦操作平滑顺畅。无论是拍摄人像和静物，都是一个强悍的好手。

（2）卡尔·蔡司Vario-Sonnar T* DT 16-80mm F/3.5-F4.5 ZA

卡尔·蔡司Vario-Sonnar T* DT 16-80mm F/3.5-F4.5 ZA镜头如图1.18所示。

图1.18　卡尔·蔡司Vario-Sonnar T* DT 16-80mm F/3.5-F4.5 ZA镜头

卡尔·蔡司Vario-Sonnar T* DT 16-80mm F/3.5-F4.5 ZA镜头的主要性能参数如表1.12所示。

表 1.12　卡尔·蔡司Vario-Sonnar T* DT 16-80mm F/3.5-F4.5 ZA镜头主要性能参数

卡尔·蔡司Vario-Sonnar T* DT 16-80mm F/3.5-F4.5 ZA主要性能	
镜头用途	标准镜头
镜头类型	变焦
镜头结构	10组14片
镜头卡口	索尼α卡口
滤镜尺寸	62mm
卡尔·蔡司Vario-Sonnar T* DT 16-80mm F/3.5-F4.5 ZA光学参数	
最大光圈	F3.5-F4.5
最小光圈	F22-29
光圈叶片数	7片
焦距范围	16～80mm
等效焦距	24～120mm
最近对焦距离	0.35m
最大放大倍率	0.24倍
视角范围	APS规格：83°～20°
卡尔·蔡司Vario-Sonnar T* DT 16-80mm F/3.5-F4.5 ZA其他参数	
镜头直径	72mm
镜头长度	83mm
镜头质量	约445g

作为索尼APS-C画幅的当家镜头，出自高端卡尔蔡司设计，覆盖了从24mm的超级广角到120mm的远摄（35mm等效）。用在紧凑、轻巧易携的数码单反上，可确保最佳的表现力。采用了蔡司著名的T*镀膜，使用2片玻璃非球面镜，在整个变焦过程中带来高品质画面。内置自动抓取装置（自动对焦时不用转动对焦环）。在其他的APS相机覆盖的范围中罕见的从16mm的超级广角（35mm等效转换为24mm）开始的5倍变焦。圆形光圈形成美丽的散焦。几乎和顶级镜头相当的豪华配置，能够胜任任何拍摄要求。

1.4 其他摄影器材的选择

淘宝摄影是商业摄影的一个门类，同其他商业摄影一样，它的摄影附件也是非常重要的。这些摄影附件看着不起眼，也不需要太大的投入，但是却发挥着巨大的作用。甚至于比单反镜头更加重要，认识并学会巧妙利用这些摄影附件，能帮助我们达到最佳的拍摄效果。

1.4.1 反光板

作为最被人们所认知的摄影附件，反光板可以用经典来形容。就算是对摄影一窍不通初学者，也能说出反光板最常用到的一个功能——反光。在我们的摄影器材中，常用五种类型的反光板——白色、银色、金色、黑色以及柔光板。

白色反光板：白色反光板（如图1.19所示）反射的光线非常微妙。由于它的反光性能不是很强所以其效果显得柔和而自然。

图1.19　白色反光板

银色反光板：由于银色反光板比较明亮且光滑如镜。它能产生更为明亮的光。银色反光板是摄影师最常用的一种反光板。

金色反光板：在日光条件下使用金色反光板补光。与银色反光板一样，它像光滑的镜子反射光线，但是与冷调的银色反光板相反，它产生的光线色调较暖。使用金色反光板能产生跳跃的色调。

黑色反光板：这种反光板其实是“吸光板”。黑色反光板有两种用途，一是挡住不必要的光线，尤其是阳光过强烈或者有难看的光斑的时候；二是增强阴影，让被摄体看上去更加立体。

柔光板：与黑色反光板的用途有些类似，不过柔光板不是为了挡住光线，而是为了柔化强烈的光线，让照射在被摄体上生硬的影子变得柔和，这在服装人像摄影里是经常用到的。

1.4.2 灰板

经常会有很多店长抱怨拍出来的商品色彩失真，这一切都是因为相机的曝光失误。相机的失误是由其测光原理造成的，因为相机是根据入射光线的条件自动确定曝光量。就是假设所测光区域的反光率均为18%，以此来给出光圈快门组合参数。18%这个数值来源是根据自然景物中中间调（灰色调）的反光表现而定，一般白色表面可以反射近 90%的光线。标准灰卡是一张（8in × 10in）的卡片，将这张灰卡放置于主景同一测光处，则所得之测光区域的整体反光率就是18%，之后按相机测光所给出的光圈快门组合去拍摄，得到的照片就会是准确之曝光。并不是所有的被摄体的反光率都是18%。当被摄体过亮或者过暗的时候，测光不准就发生了。

我们所说的灰板（图1.20），正是反光率为18%的灰色卡纸，可以用来对照调整相机的曝光参数以及校正白平衡。只要在相同的光照环境下，对灰板进行测光，并记录下光圈F值、快门值以及ISO数值，用相同的曝光的数值去拍摄即可。同理，同样的光照环境下，拍摄一张曝光准确的灰板照片，并将照片设置成为相机

图1.20 灰板

自定义白平衡数据（具体设置方法可参考各厂家相机说明书），就可以得到最准确的白平衡。

1.4.3 便携式外置闪光灯

佳能580EX II闪光灯如图1.21所示。

便携式外置闪光灯是指可以接在相机机顶热靴的闪光灯，具有小巧、轻便、功率高、可测光等优点。各厂家都为自己的相机佳生产了对应的外置闪光灯，例如佳能的580EX II，430EX II系列，尼康的SB-900，SB-800系列，索尼的HVL-F58AM。

图1.21 佳能580EX II闪光灯

外置闪光灯在淘宝摄影里有着举足轻重的作用，用一盏外置闪光灯几乎可以完成所有静物拍摄。

1.4.4 快门线

快门线（图1.22）可以让你拍出清晰的照片。这在拍摄微距细节图的时候作用非常明显，使用快门线不用接触相机就可拍摄，可以最大程度地减少按动快门按钮的时候引起的相机震动。因为除了快门线外，还有一种无线快门，使用起来更加方便，而且价格也不会太贵。

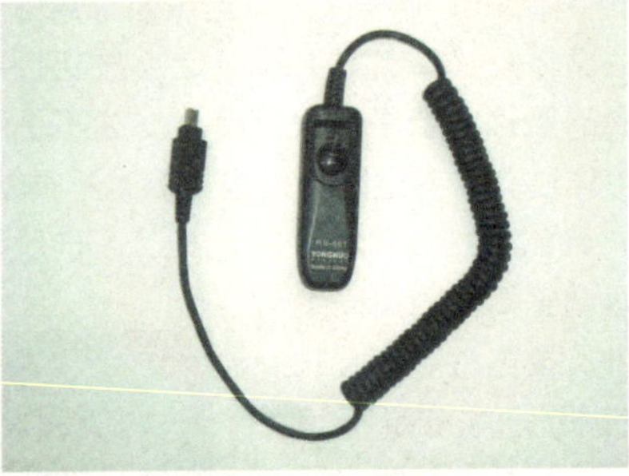
图1.22 快门线

1.4.5 UV滤镜

UV镜又叫做紫外线滤光镜，即UltraViolet。通常为无色透明的，不过有些因为加了增透膜的关系，在某些角度下观看会呈现紫色或紫红色。许多人购买UV镜来保护娇贵的镜头镀膜，其实这仅仅是它的一项附属功能。UV镜能减弱因紫外线引起的蓝色调。同时对于数码相机来说，还可以排除紫外线对CCD/CMOS的干扰，有助于提高清晰度和色彩的效果。

需要注意的是，请不要使用价格低廉的UV滤镜，这些滤镜通常都是有质量问题的伪劣产品，使用这样的UV滤镜，不仅不能起到原有的作用，反而会降低画质，致使镜头分辨率下降。图1.23所示为著名的德国B+W滤镜。

图1.23　著名的德国B+W滤镜

1.4.6　影室灯

由大功率闪光灯与造型灯组成。闪光灯管一般是环型的，环的中央有造型灯的接口，造型灯一般是石英灯、白炽灯等。不用闪光灯时，造型灯也可做照明光源用来拍摄，当用闪光灯时，造型灯只是起到布光看造型作用。有的造型灯在闪光灯闪光时关闭，闪光灯闪光后再亮起来。

1.4.7　柔光箱

柔光箱不能单独使用，属于影室灯的附件（图1.24）。柔光箱装在影室灯上，发出的光更柔和，拍摄时能消除照片上的光斑和阴影。柔光箱是由反光布、柔光布、钢丝架、卡口组成。柔光箱结构多样，常规的柔光箱矩形，似封口漏底的斗形。由于功能上有某种差异，所以另有八角形、伞形、立柱型、条形、蜂巢形、快装型等多种结构。有大小不同的各种规格，小到40cm，大到2m有余。还有专配外置闪光灯用的超小柔光箱，只有几公分大小。柔光箱与影室灯之间用卡口对接，所以柔光箱有各种形式的卡口，可以适配各种不同的影室灯。还有万用卡口柔光箱，可以在任何影室灯上使用。万用卡口，什么灯都能装，但一定没有一对一专配的好。柔光箱可拆卸折叠，折叠以后方便包装和运输。使用时要打开撑起。然后安装在影室灯前方，让影室灯发出的光从柔光箱透射出来。

图1.24 方形柔光箱

1.4.8 反光伞

反光伞是影室灯专用反光工具，且有不同的颜色（图1.25）。银色和白色的伞面，不改变闪光灯光线的色温；金色的伞面，可以使闪光灯光线的色温适当降低；蓝色的伞面，能够使闪光灯光线的色温适当提高。在闪光摄影中，最常采用的反光伞大多是白色或银色的。

图1.25 反光伞

使用时将伞安置在可以变换角度的云台上。用强光灯照射伞内，散射出的光线很柔和，阴影亦淡，是理想的光源。拍人像特写时，不受强光的刺激，最适合于拍摄人像和静物。

提示 通过本章，我们已经了解了数码相机的相关知识以及在器材选购方面的经验技巧。要拍出满意的照片，就需要挑选合适的器材，切勿贪图方便省事，也不要盲目购买一些没有必要的器材。

第2章

网店拍摄的基本知识

相信阅读完本书的第1章后，不少读者已经加深了对数码相机选购知识的理解，购买到了适合自己网店拍摄的摄影器材。

网店拍摄并不是轻松按下快门那么简单。拍好商品，达到营销效果，要掌握一些最基本的摄影常识和技巧。除此之外，还需要掌握数码照片的后期处理方法，让照片更美观，符合网店要求。

2.1 什么是像素

像素，是用来计算数码影像的一种单位。我们若把影像放大数倍，会发现这些连续色调其实是由许多色彩相近的小方点所组成，这些小方点就是构成影像的最小单位“像素”。

一个像素通常被视为图像的最小的完整采样，用来表示一幅图像的像素越多，结果更接近原始的图像。

例如，当我们把照片局部放大后就可以看到正方形的像素点（如图2.1）。

图2.1　正方形像素点

2.2 分辨率与相片瘦身

用于量度位图图像内数据量多少的一个参数。通常表示成ppi（每英寸像素）。分辨率也常被表示成每一个方向上的像素数量，比如1920×1080（提示：它们的乘积就是这张图片的像素，约等于207万像素）。

网店卖家在拍摄、上传商品图片时，除了要考虑图片效果，还要考虑网店对图片大小限制。例如淘宝网对商品图片大小的要求是单张图片不超过1MB。通常情况下，将图片的分辨率设置在1280×853就能兼顾图片效果和大小。

如果您的图片分辨率过大，需要给图片“瘦身”，可以在Photoshop图像处理软件中对图片分辨率进行更改（如图2.2所示）。

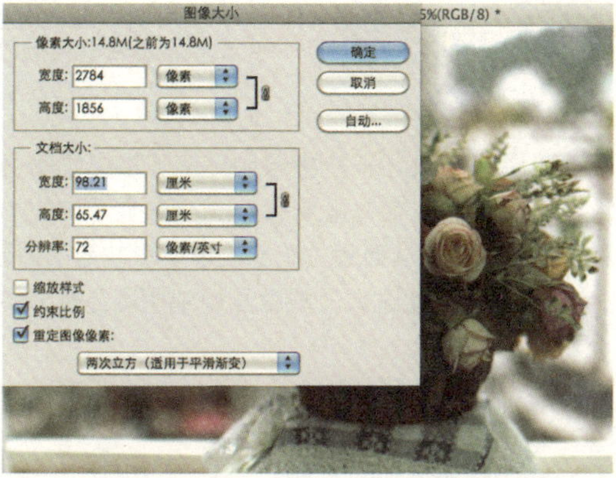

图2.2　利用Photoshop软件给相片瘦身

2.3 判断白平衡是否准确

白平衡就是针对不同色温条件下，通过调整摄像机内部的色彩电路使拍摄出来的影像抵消偏色，更接近人眼的视觉习惯。简而言之就是，让我们看到的白色物体拍下来就是白色，而不会出现色偏。

在淘宝网店拍摄中，如果使用的相机白平衡不准，就会让拍摄出来的画面偏色，从而不能客观地展现商品，会对商品销售产生影响。买家有可能会因为这一原因质疑商品的真实性。

那么，如何判别白平衡是否准确呢？可以通过观察样片来判断。当白平衡偏低的时候，画面偏冷，当白平衡偏高的时候，画面偏暖。例如，只有正确的白平衡才能真实再现服装的颜色（如图2.3）。

图2.3　判断白平衡是否准确

2.4 光比的控制

光比是摄影上重要的参数之一，指照明环境下被摄物暗面与亮面的受光比例。光比对照片的反差控制有着重要意义。在淘宝网店的拍摄中，如果光比过大，阴影区域便会过重，从而丢失暗部细节，影响商品展示。

例如，图2.4中的左图光比过大，导致画面中阴影过重，暗部细节丢失。右图光比适中，画面细节完整。

图2.4　光比的控制

提示　为了降低光比，通常可以使用反光板来补光，将画面的阴影减淡。

2.5 曝光补偿

曝光补偿是拍摄者手工对相机的测光值进行调节。当相机自动测光不能准确表现拍摄者的意图时，就需要使用曝光补偿增加或减少曝光量。例如，当我们拍摄浅色的商品时，往往拍出的画面偏灰，这个时候，就需要增加曝光补偿。如果拍摄深色的商品，拍摄的画面往往过亮，也不是商品本身的颜色，就需要降低曝光补偿。

例如，在图2.5中，正常情况下，相机曝光补偿指针是在0的位置，也就是不做任何补偿。当相机曝光补偿指针向左移动，相机曝光量降低，画面变暗；而指针向右移动的时候，相机曝光量增加，画面变亮。

> **提示** 当想让拍摄的商品看上去更白、更亮时，或要表现化妆品使人的皮肤更白皙时，可以考虑增加+2/3～+4/3档曝光补偿。

图2.5 曝光补偿的调整

2.6 光圈F值的控制

光圈F值是镜头的焦距/镜头通光直径得出的相对值。例如，针对135mm相机而言，50mm的标准镜头最大的通光直径为29.5mm，其最大光圈的计算值为50mm ÷ 29.5mm = F1.7。由此可见，当F数值越小，镜头通光直径就越大，镜头进光亮就越大。

在淘宝网店拍摄中，使用大光圈镜头来拍摄商品是我们最的常用方法。应用大光圈能使画面的主题突出，背景模糊，让画面变得更干净。

例如，对于经营服装类商品的店主，可以利用大光圈产生的虚化背景，来突出模特身上的服装（如图2.6所示）。

> **提示** 通常而言，光圈的等级变化为F1.0、F1.4、F2.0、F2.8、F4.0、F5.6、F8.0、F11、F16、F22、F32（一些单反会出现F1.2、F1.8的光圈等级）。也就是说，如果第一级光圈为F1.0，那么第二级就是F1.4，以此类推。

图2.6 大光圈的应用

2.7 快门的控制

单反相机的快门速度在30～1/4000s之间。高端的单反快门速度均能达到1/8000s。当光线昏暗的时候，光圈F值不变的情况下，快门速度会变慢，画面容易晃动，导致模糊；反之，明亮环境下，快门速度变快，照片不易模糊，甚至可以抓拍一些瞬间照片。

快门值的等级变化按照2的倍数增减，例如:假设快门速度为1/200s，那么比1/200s快一档的快门速度是1/400s，快两档的快门速度是1/800s……以此类推。同理，比1/200s低一档的快门速度是1/100s，低两档的快门速度是1/50s……以此类推。

提示 在单反相机里，出于显示方便的考虑，诸如1/2s的快门速度，直接在相机里显示为2，1/4000直接显示为4000。1～30s的快门速度，均在数字后面加上“″ ”，比如15s，显示为15″。

2.8 曝光的控制

用F表示光圈值，T表示快门速度，将两者结合在一起用来表示拍摄时的曝光量的数值就是曝光值。改变光圈值和快门速度，就可以改变照片的明暗程度。

通过光圈与快门的正确组合，可以获得曝光准确的照片。如果我们将光圈缩小一档，那么就需要减慢一档快门速度才能获得准确的曝光，同理，我们将光圈增加一档，那么就要增加一档快门速度。

例如，我们拍摄同一商品，将光圈和快门进行了不同组合，光圈每缩小一档，快门都减慢一档，但是都获得了正确曝光的照片（如图2.7所示）。

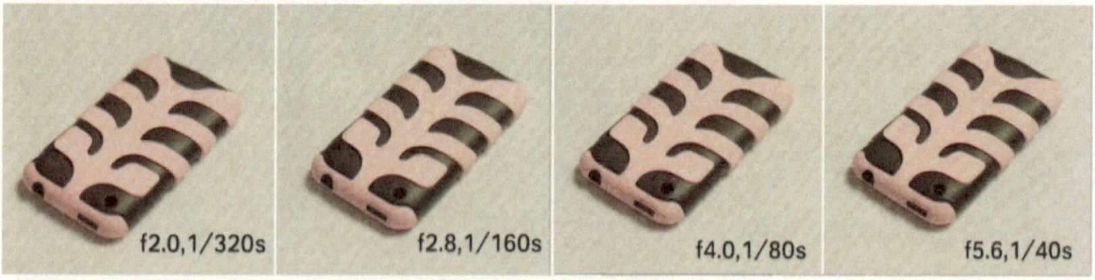

图2.7 通过控制快门与光圈得到正确曝光

2.9 什么是相当于35mm尺寸（又称相当于全画幅）

目前数码相机的成像器件面积都小于普通的135胶卷（即35mm胶卷相机）的面积，所以其镜头焦距很短，说到其镜头焦距时常不会涉及到其实际的物理焦距，而说与其视角相当的35mm（国内的135）相机的镜头焦距。

标准的全画幅尺寸如图2.8所示。

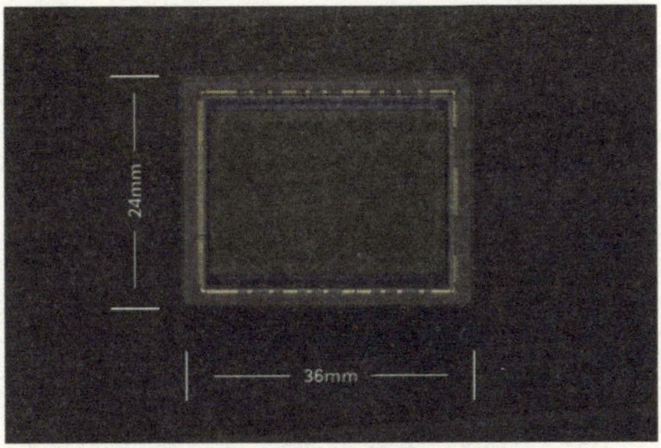

图2.8 标准的全画幅尺寸

> **提示** 由于35mm胶片的广泛使用，因此它成为了一种标尺，就像我们用m或者kg来度衡长度和质量一样，35mm成为我们判断镜头视野度的一种标注。例如，28mm 焦长可以实现广角拍摄，35mm焦长就是标准视角，50mm镜头是最接近人眼自然视角的，而380mm镜头就属于超望远视角，可捕捉远方的景物。

2.10 是否使用高像素相机，取决于商品本身

过去我们常说：“像素越高，拍出来的照片就越清晰。”这是一个非常大的误区。不管数码相机的分辨率是400万像素，还是800万像素，又或者1000万像素，这只能代表最终你能拍出一张多大尺寸的图像。

照片的清晰度以及色彩还原度是由数码相机感光芯片（CCD/CMOS）、相机镜头和相机内部的图像处理芯片决定的。这就是为什么1200万像素的手机拍出来的效果还不如800万像素的数码相机的原因。

那么拍摄网店商品，使用的相机是不是像素越高越好?

这要看经营的商品是否要靠展现完美的细节和做工来和同类商品竞争。例如，高档数码产品、名表、香水等奢侈品都需要靠展示细节来和仿品竞争，这时你一定要选择像素高的相机甚至是高端单反相机。如果你销售的仅是一本书，那么完全没有必要使用高像素相机来拍摄。

分别使用1000万像素的数码单反与普通数码相机拍摄相同的物体（如图2.9所示）。可以看到，同为1000万像素，单反画质更高，细节更丰富，色彩层次过度自然，毫不生硬；而普通数码相机在高光处已经丢失了细节，在花朵高光部位已经成为死白，色彩过渡不够好。

图2.9　单反相机与数码相机实拍对比

2.11 什么是光学变焦

数码相机依靠其光学镜头结构来实现变焦。数码相机的光学变焦方式与传统单反镜头差不多，就是通过镜片移动来放大与缩小需要拍摄的景物，光学变焦倍数越大，能拍摄的景物就越远。简而言之，如果数码相机的光学变焦在3~5倍，就可以可把10m以外的物体拉近至3~5m；如果是大变焦数码相机（如富士S系列）拥有10倍的光学变焦效果，拉到最长焦端，可以拍摄40m开外的物体。

数码相机厂商都会在相机镜头显眼的位置标注上这台相机的光学变焦倍

数。图2.10中这台12倍光学变焦的相机，厂家在镜头上标注了12x的字样，即表示这台相机的光学变焦倍数。

图2.10　拥有光学变焦功能的相机

2.12 避免广角畸变

使用相机镜头的广角端拍摄商品，往往会把商品拍变形，使物品失真，引起买家不必要的误会。所以我们一般使用镜头的标准焦距（相当于全画幅相机的50mm左右的焦距）去拍摄商品。如果您还不是很懂这句话，没有关系，下面我将举一些实例告诉大家如何设置您的相机，可以避免把商品拍失真变形。

如果您使用的是全画幅数码单反，例如，尼康D3系列，尼康D700，索尼α900，佳能1Ds系列，佳能5D系列，那么尽量使用你镜头的40～50mm的焦距去拍摄商品。

如果你使用的是APS-C画幅的单反，比如佳能、尼康、索尼的一些中低端单反，那么尽量使用你镜头的30～35mm焦段去拍摄。

如果你使用的是普通数码相机，包括卡片相机，大变焦相机等，那么将您的数码相机进行1.5～2.0倍光学变焦后进行拍摄。

图2.11为广角端拍摄与标准焦距拍摄对比图。当我们使用相机镜头的广角端拍摄的时候，画面的透视关系不符合我们人眼近大远小习惯。因此，拍摄出来的照片，镜头筒与拍立得机身的比例被夸大，镜头筒显得比实际的大了许多，物品失真。使用标准焦距拍摄后，镜头筒与机身的比例符合我们人眼视觉习惯，物品不再失真。

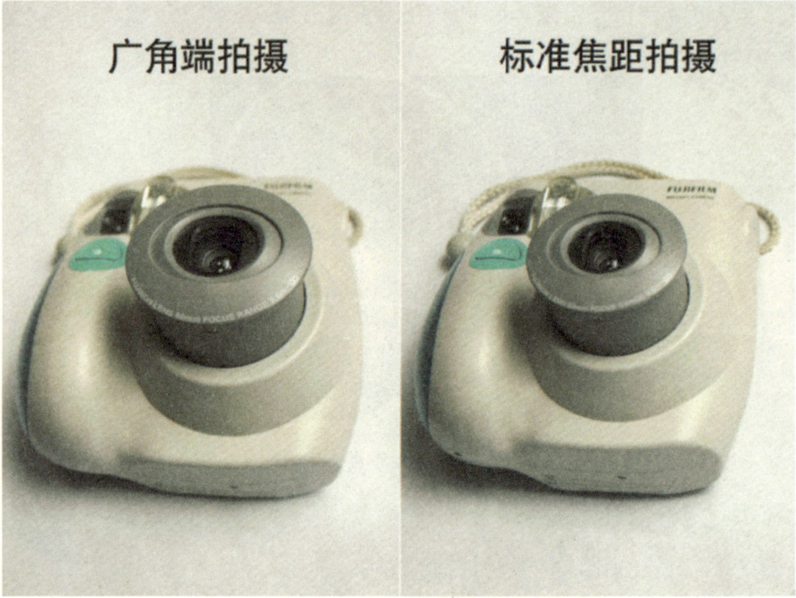

图2.11　广角端拍摄与标准焦距拍摄对比图

2.13 什么是宽容度

宽容度是指数码相机感光元件CCD/CMOS所能记录的画面最亮和最暗范围的程度。比如说在逆光拍摄的时候，由于亮部与暗部的反差很大，尽管我们用肉眼观看，无论高光的背景还是拍摄的主体都能看得一清二楚，但是使用相机拍摄后，往往会出现背景曝光正确后主体变黑暗了，又或者主体曝光正确后，背景又一片死白了，这就是宽容度的问题。因为我们的数码相机感光元件CCD/CMOS的宽容度远远小于肉眼，所以不能完全记录画面中最亮到最暗。因此，我们拍摄的照片一旦超过了相机的宽容度，就会出现死白或者过暗问题。

在淘宝拍摄中，尤其是服装片拍摄，如果模特穿着浅色的衣服，很容易就会因为超过相机宽容度导致浅色衣服曝光过度，变成死白。

拍摄服装类商品时，一定要避免白色衣服过曝而导致死白情况的发生（图2.12）。因为模特穿着了颜色较深的绿色外套，虽然绿色外套曝光正确了，但是白色衣服却超出了相机的宽容度，从而完全过曝，成为死白。

提示

同一款数码相机，JPG格式与RAW格式的宽容度并不一样，RAW格式宽容度更高。我们可以在后期调整RAW格式的曝光，将曝光过度的死白区域修复回来（详见第4章4.4.2利用RAW格式修正前期拍摄的不足）。

图2.12 超出相机的宽容度

2.14 色彩空间sRGB和Adobe RGB的选择

色彩模型是描述使用一组值（通常使用三四个值或者颜色成分）表示颜色方法的抽象数学模型。例如 三原色光模式(RGB) 和印刷四分色模式(CMYK) 都是色彩模型。但是一个与绝对色彩空间没有函数映射关系的色彩模型或多或少地都是与特定应用要求几乎没有关系的任意色彩系统。在色彩模型和一个特定的参照色彩空间之间加入一个特定的映射函数就在参照色彩空间中出现了一个明确的“footprint”。这个“footprint”称为色域，并且与色彩模型一起定义为一个新的色彩空间。例如 AdobeRGB 和 sRGB 是两个基于 RGB 模型的不同绝对色彩空间。

在设置相机的色彩空间的时候，需要将色彩空间设置成为sRGB模式。因为sRGB模式适用于网页浏览，如果将相册设置成为AdobeRGB模式，那么上传到网页后，我们的照片饱和度会降低，失去原有的色彩。

图2.13提供了色彩空间的效果对比。同一张照片，分别选择sRGB与AdobeRGB 两种模式存储。在电脑本地浏览观看照片时，两者颜色无差异。将它们都上传到网页后，sRGB模式的照片在网页上浏览与电脑上浏览，颜色无差异，但是AdobeRGB模式则出现了照片饱和度降低，画面不鲜活的情况。

图2.13 色彩空间的效果

2.15 消除紫边

数码相机在拍摄过程中，由于被摄物体反差较大，在高光与低光部位交界处出现的色斑现象即为数码相机的紫边（或其他颜色）。

紫边出现的原因与相机镜头的色散、CCD/CMOS成像面积过小（成像单元密度大）、相机内部的信号处理算法等有关，因此，可以说紫边的产生和硬件有很大关系。如果在淘宝拍摄中，照片出现了大量紫边，会降低照片质量，影响商品展示的效果，分散买家的注意力，引起不必要的误解。

提示 在拍摄过程中，可以将镜头光圈缩小，能够在一定程度上消除紫边现象。

2.16 降低CCD/CMOS噪点

数码相机的噪点主要是指CCD/CMOS将光线作为接收信号接收并输出的过程中所产生的图像中的粗糙部分，也指图像中不该出现的外来像素，通常由电子干扰产生。看起来就像图像被弄脏了，布满一些细小的糙点。

平时所拍摄的数码照片如果用个人电脑将拍摄到的高画质图像缩小以后再看的话，也许就注意不到。不过，如果将原图像放大，那么就会出现本来没有的颜色（假色），这种假色就是图像噪点。在拍摄商品样片过程中，如果噪点过多，就会让画面看上去不干净，影响商品视觉效果。当相机ISO数值逐级提高的时候，画面噪点也逐渐增多（图2.14）。

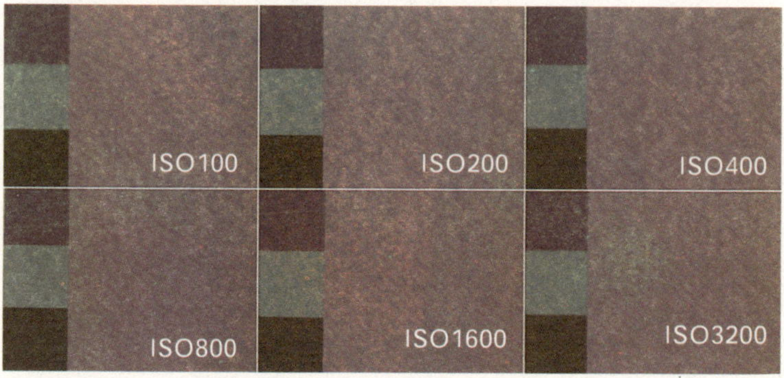

图2.14 不同ISO值下的噪点对比

提示 产生噪点的罪魁祸首就是ISO（感光度）过高，因此我们要尽量避免在昏暗的光线中使用过高的ISO拍摄照片。ISO一般不易超过800。

2.17 什么是像素插值

插值是一种为数码相机在计算像素时可以增加有效像素（实际像素）的成像方法。这种方法是将数码相机中的感光器件所形成的实际像素，通过相机中内置的软件，根据实际感光影像的像素，按照一定的运算方法进行计算，产生出新的像素点，并将其插入到原来像素附近的空隙处，从而实现增加了像素总量和增大了像素密度的目的。例如原先130万像素的数码相机，经插值功能处理可达200万像素。由于插值的像素并不是数码相机本身的有效像素，它的取值只是在摄像时用软件优化处理后所提升的像素值。所以插值后的200万像素效果并不能与真正的200万像素效果相比。

第3章

完美展现您的商品
——拍摄专业样片有诀窍

在图片营销横行网络的今天，到处都可以看到各种精美的广告图片，吸引着人们的眼球。在普通人眼中，拍摄一组专业的商品照片往往感觉十分困难。为此，很多网店店主有时候甚至会不惜花高价雇佣摄影师来拍摄商品。这样一来，网店成本自然就提高了，在经营初期，过多的成本投入，会让店主的资金陷入困境。很多时候，只要能利用好周围的工具，运用一些技巧，也能拍出满意的专业商品样片。在本章，将分享资深淘宝摄影师们的静物产品拍摄技巧。

3.1 静物拍摄的准备

业余摄影和专业摄影的本质区别就在于，业余摄影往往拍摄非常随意，不知道怎么用光，不知道怎么搭配场景；而专业摄影，会运用各种技术技巧，配合一些摄影、美术知识来帮助拍摄。要知道，摄影的难易程度不在于拍什么，而在于怎么去拍。因此，为了拍摄专业的样片，我们需要在拍摄前进行一些必要的准备工作。

3.1.1 搭建简易影棚

搭建影棚是我们进行拍摄准备的首要任务。毕竟自然光线很难达到我们的专业拍摄要求，只有采用灯光照明，才能把我们的商品色彩、质感、品质表现出来。

搭建简易影棚需要满足的条件：

（1）空间要求10m^2以上，房间高度在2.3m以上。空间过窄，会影响摄影布光，灯光会在狭小的空间内进行漫反射，造成光线过平，没有层次。

（2）墙壁要求为白色。如果墙壁有其他颜色，那么墙壁反射的光线也是有色光线，这会造成我们拍摄的商品偏色。

只有满足上述条件，我们的拍摄工作才顺利展开。

3.1.2 摄影光源的选择

读到这里，各位肯定有所疑惑——摄影光源还有分类吗？实际上，摄影光源可分两类，即常亮/恒定光源和电子闪光灯。了解它们的区别和各自的优势，能帮助我们选择适合自己使用的灯光。

（1）常亮/恒定光源

从摄影诞生初期开始，常亮/恒定光源就一直作为室内摄影的主力光源得到运用。它的优势就在于所见即所得。摄影者可以很直观地看到光线效果，如果不满意，还可以及时修改。传统的常亮/恒定光源有：荧光灯、卤素灯和钨丝灯，现在还有新型的摄影专用三基色灯。

荧光灯（色温7000K以上）是价格相对最便宜，并且最容易买到的照明灯，如图3.1所示。它的优点在于：光线柔和、能够淡化被照商品产生的阴影，但是它不适合拍摄红色或粉红色系列。因为照明灯光中，如果灯光的三个基本原色——红、绿、蓝的含量都很丰富，那么在拍摄时就不会产生任何颜色，但是荧光灯本身带有较强的绿色，红色和蓝色则相对不足，尤其比起蓝色波长，荧光灯中的红色波长更显不足。

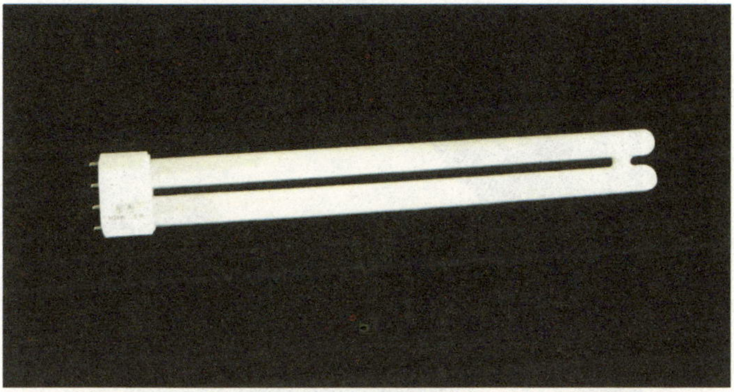

图3.1 荧光灯

钨丝灯（图3.2）和卤素灯（图3.3）具有相似的分光特性。以前人们通常使用钨丝照明灯，但近年来，使用卤素照明灯的人正在增多。比起钨丝灯，卤素灯灯管体积更较小、瓦数较为齐全。它们具有能够提高商品的对比度的优点。但是，要想获得柔和的图像，还需要使用反光板或者描图纸对光进行反射或透射。而且由于灯管产生的热量较多，如果需要长时间拍摄，就要提前做好火灾或烧伤的预防工作。如果要拍摄易燃商品，则应注意不要让照明灯灼伤商品。另外，与荧光灯相反，钨丝灯和卤素灯不适合拍摄带有青颜色的蓝色和紫色系列。

图3.2 钨丝灯

图3.3 卤素灯

专业的三基色灯（图3.4）其工作原理与普通荧光灯相似，不过进行了相关改进，通过绿系的光提高灯的效率，再加上蓝系和红色的光，并对三种色光适当进行平衡，基本三原色含量也非常均匀。使用这种专业三基色灯泡，可以满足我们的专业拍摄需求。

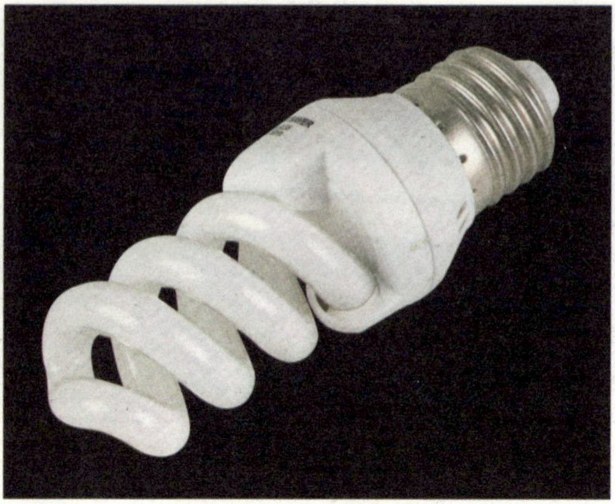

图3.4 专业的三基色灯

综上，除非精通数码后期，否则使用荧光灯、钨丝灯和卤素灯带来的偏色，将给我们的商品带来很大的困扰。专为室内摄影而生的三基色灯泡是较为理想的选择。需要指出的是，尽管常亮/恒定光源具有所见即所得的优点，但是它们的功率都非常低，通常只有115W，需要多只灯才能达到拍摄要求，这样一来耗电量也会增加。

（2）电子闪光灯

电子闪光灯（色温5200K）就是我们常见的影室灯和便携式闪光灯，它们具有与日光相似的分光特性。也就是说，闪光灯与日光一样，其光的基本三原色的含量非常均匀，能够准确拍摄出所有的颜色，功率大。但是，闪光灯也有一些缺点。

闪光灯是瞬间放电，照明时间非常短，对不经常接触它的人来说，使用闪光灯拍摄存在一定困难。但是，这个问题可以通过一定时间的练习得到解决。影室闪光灯都会附带一个名为“造型灯(Modeling lamp)”的卤素灯，能够在拍摄之前测定商品的照明状态，如图3.5所示。造型灯位于中央的灯管是造型灯管——卤素灯管，它周围的圆形灯管就是负责从闪光灯里放出光来的放电管。

虽然闪光灯具有上述一项缺点，但是它仍然是最能够准确表现出被摄体颜色的照明灯，而且还有耗电量少、产生热量较少等优点。除此之外，它还可以通过安装在前部的各种灯具自由调节光的强弱，实现多种形式的拍摄。

图3.5 造型灯

3.1.3 灯具的使用

拍摄商品，最重要的就是根据商品的材质来选择使用影调柔和的软光还是明暗对比强烈的硬光。然而，要获得不同光线效果，依靠的是安装在影室灯上的灯具。因此，我们需要知道每一种灯具能获得怎样软硬的光线。

（1）灯罩

属于最基本的灯具，影室灯安装上灯罩后，光比最大，属于硬光。它能产生极其强烈的对比度，体现物品的质感。由于光线过硬，商业摄影通常都需要加上一层硫酸纸柔化光线。

（3）柔光箱

柔光箱由轻型金属支架支撑，外部蒙反光布和柔光布。 通过卡口或曲面螺丝固定在闪光灯前面，安装时注意不能碰撞闪光环管和造型灯。柔光箱有各种形状，比较常见的有长方形、正方形和八角形。顾名思义，它能把光线变柔和，产生软硬适度的阴影。它几乎是最常用的配件了，柔光箱不是越大越好，太大了，中央和边缘的光强度会差异很大。可以在中间加多一层柔光布增强柔光效果。使用柔光箱打出来的光线最为柔和。

（4）反光伞

反光伞是一种专用反光工具，且有不同的颜色。其中，银色和白色的伞面，不改变闪光灯光线的色温；金色的伞面，可以使闪光灯光线的色温适当降低；蓝色的伞面，能够使闪光灯光线的色温适当提高；还有类似于柔光箱作用的反光柔光伞。在淘宝摄影中，最常采用的反光伞大多是反光柔光伞、白色反光伞以及银色反光伞。反光伞打出的光线软硬程度介于灯罩和柔光箱之间。按照软硬大小顺序，反光柔光伞的光线最软，白伞次之，银伞最硬。

> **提示** 反光伞完全打开后，反射的光线最软，但是当反光伞渐渐合拢的时候，反射的光线会渐渐变硬。所以反光伞是比较万金油的灯具，淘宝摄影一般优先使用反光伞。

3.1.4 背景的应用

一般情况下，可以使用质地粗糙的干净白墙作为我们拍摄商品的常用背景。除此以外，我们还将使用一些带有颜色的无缝纸，面积一般为（3×2）m^2。

无论使用哪一款背景都需要根据我们的拍摄题材而定。选择背景颜色需要使用到色彩原理，简单说就是使用对比色或是相近色。使用对比色能使所拍摄的商品更突出；使用相近色，能让整个画面过度自然，色彩和谐。

表3.1例举了一些常用的背景搭配，供卖家参考。

表3.1 拍摄物品与拍摄背景的搭配

物品特征	推荐背景选择
浅色物品	选择稍深一点的颜色的，形成反差，但不可太深，有反差即可，否则背景太抢眼则影响效果
白色物品	选择蓝色、金色、粉色，拍摄的画面会非常清新；选择黑色，深红色，深蓝色，拍摄的画面对比强烈
深色物品	一般选择浅色背景；但是选择全黑色背景配以轮廓光效果也非常好；不可使用灰色背景，这样会让整个画面平淡
黑色物品	可以选择红色背景，经典的红黑搭配会让你的商品显得庄重高贵；使用白色背景，能使商品看上去简约大方

3.2 拍摄不同材质的商品

3.2.1室内摄影的灯位

在开始拍摄我们的商品之前，有必要介绍室内摄影的基本灯位及其效果。这是拍摄专业商品样片的基础，掌握了它们，才可以将我们的商品拍出来更有档次。所以强烈建议各位读者仔细研读这一小节，简单练习本节的内容，为接下来介绍不同材质的商品拍摄做好准备。

根据灯光摆放的角度位置，我们可以分为顺光、前侧光、侧光、逆侧光、逆光，如图3.6所示。

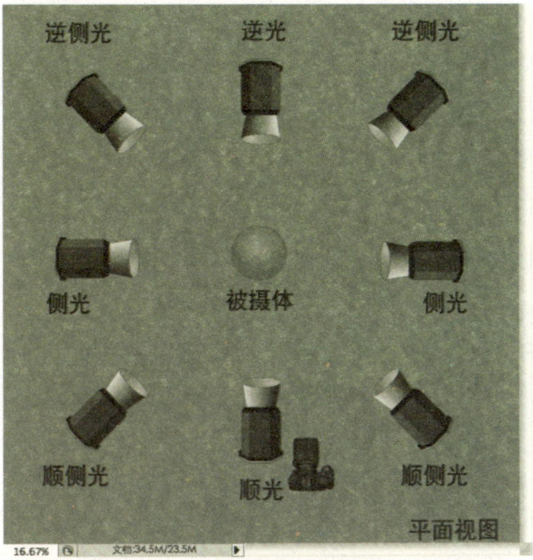

图3.6 灯光摆放的角度位置一

根据灯光的高低，可以分为顶光、高光位、水平光位、低光位以及底光，如图3.7所示。

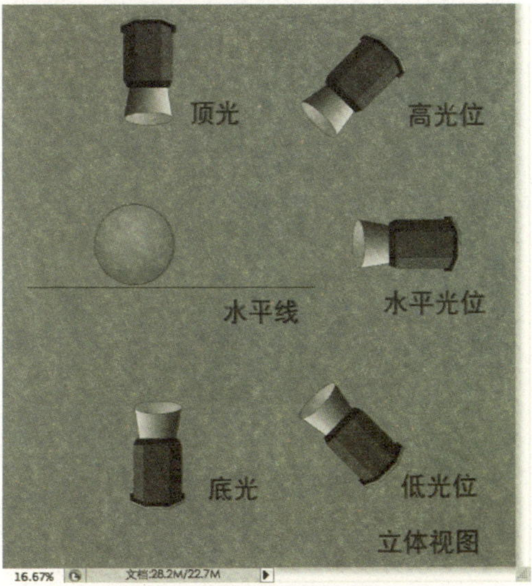

图3.7 灯光摆放的角度位置二

在实际拍摄中，根据灯光摆放角度和高低，可以组合出不同的光效来。例如：顺光照明有高位顺光、水平顺光和低位顺光；侧光照明中又有高位顺侧光、水平面顺侧光和低位顺侧光等多种；逆侧光照明有高位侧逆光、水平侧逆光照明和低位逆侧光；逆光照明中有高位逆光、水平逆光和低位逆光。

提示

顺光照明能够照亮物品所有细节；顺侧光和侧光能够体现物品的质感；逆侧光和逆光展现的是物品的轮廓。摄影灯光位是需要灵活运用的：在我们拍摄的商品中，有大有小，有高有低，有长有短，因此灯光位要根据实际情况不断更换高低和位置，这样才能达到理想的效果。

在练习灯光位并掌握好相关操作后，可以尝试使用一些组合光线，比如利用顺光或者侧光作为主光源照亮主体，然后使用逆侧光或者逆光勾勒主体轮廓。

3.2.2 拍摄透明的物品——香水、酒瓶、饮料

在拍摄中，常常会遇到透明材质的物品，比如香水、酒瓶、饮料。在拍摄这类物品时，不要用顺光、前侧光这类直接照射在物品表面的灯光位。这样拍摄方法使得透明物品表面上出现耀目的反光，像镜子一样，看上去并不美观，而且这样的产品照片平淡无奇没有档次，也不专业，如图3.8所示。

图3.8　不要使用直接照射在物品表面的灯光位

在商品摄影中，常用大面积散射光拍摄透明物品。以拍摄酒杯为例，罗

列出以下拍摄工具供参考：

- 一盏闪光灯；
- 一个灯罩；
- 一块白色背景布；
- 一块玻璃板。

参考灯光位如图3.9所示。

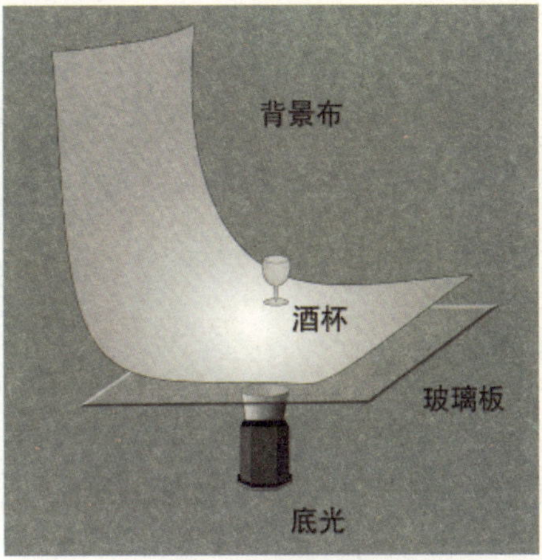

图3.9 参考灯光位

将背景布的一部分按如图3.9所示放在玻璃板上，另一部分挂起来，让灯光从底部通过玻璃板照向酒杯，最终效果如图3.10所示。

> **提示** 底部灯光透过背景布后就形成了大面积散射光。由于酒杯是透明物体，而且又能反光，所以遵循透明物体和反光物体不能正面打光原则，我们使用底光拍摄，让光线通过玻璃板和背景布照向酒杯。这个时候，我们看到的酒杯的亮光都是来自这些散射光。

图3.10 最终效果图

除了将灯光放在底部拍摄外，也常将灯光从背景布后面照进来。以拍摄透明饮料瓶为例，罗列出以下拍摄工具供参考：

- 两盏闪光灯；
- 一个灯罩；
- 一个柔光箱；
- 一块白色背景布。

参考灯光位如图3.11所示。

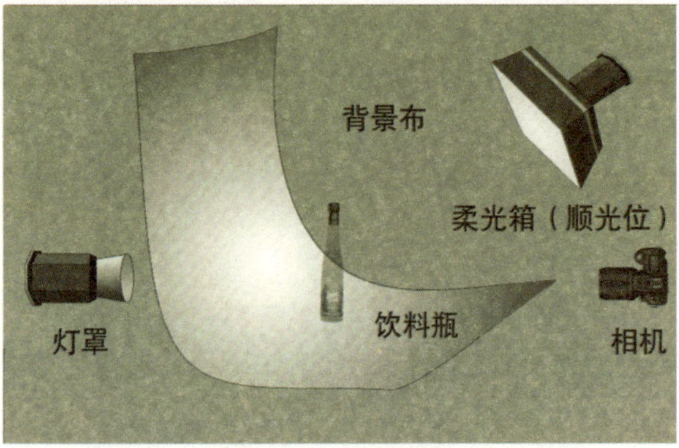

图3.11　参考灯光位

主要使用背景布后面的灯罩做主光，完全照亮背景布，如果觉得照在背景布上光线不够均匀，就将灯罩向后移动，离背景布再远一些，或者使用柔光箱照射背景布。在顺光位放一个柔光箱的目的是为了补光，将饮料的正面适当补亮，减小光比，所以顺光位上的柔光箱功率不能比背景布后面的主光高。如果没有柔光箱，可以使用白色反光板补光，最终效果如图3.12所示。

图3.12　最终效果

3.2.3 拍摄表面粗糙、质地柔软的物品——服装、布料、壁纸

在淘宝里，服装交易占了很大的比重。大多数服装表面都是粗糙的，具有类似粗糙表面的物品还有布料、壁纸等。我们拍摄这类物品，需要体现出它们的质感和层次，所以采用顺光和顺侧光来拍摄。

主要注意的是：服装、布料等是柔软商品，很容易褶皱，而且不能独立支撑起来，拍摄它们必须保持平整。如果直接将它们水平放在桌面或者地面上进行拍摄，由于很难取得较高的机位，从上往下拍很难将它们拍摄完整，加上衣服摆放不平整，很难拍出满意的效果。如图3.13所示，拍摄水手服的时候，衣服没有保持平整，而且水平放在地面，也不能将水手服拍摄完整，拍出来的照片不能令人满意。

图3.13 效果不能令人满意

为了避免上述问题，通常都需要将木板倾斜一定角度，将商品放上去以后再进行拍摄。这样就可以不用太高的机位拍到商品。

以拍摄粉色百褶裙裤为例，罗列出以下拍摄工具供参考：

- 一盏闪光灯；
- 一个柔光箱；
- 一块木板；
- 一张白色背景布。

参考灯光位如图3.14所示，可以将木板立起来一定角度，将白色背景布放在木板上，然后将要拍摄的裙子放在白色背景布上，使用高光顺侧光来拍摄。

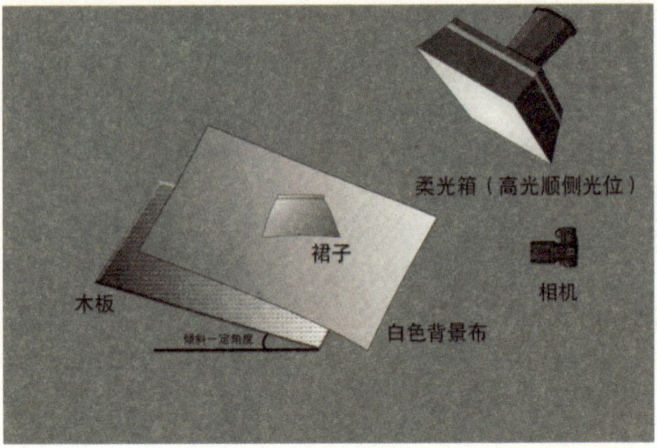

图3.14 参考灯光位

最终效果如图3.15所示。

> **提示** 木板倾斜角度一般为30°～45°。

图3.15 最终效果

通过这种方法，我们还可以拍摄其他相同材质的物品，如图3.16和图3.17所示。

图3.16 水手服

图3.17 可爱的猫爪坐垫

3.2.4 拍摄表面反光的物品——笔记本、手机等

淘宝摄影中，最难拍摄的莫过于笔记本、手机等表面反光的数码产品。这类产品的拍摄原则是把它们拍得高雅、时尚。很多人对这类商品的拍摄只是用闪光灯将其照亮，拍摄出来的照片就会平淡不显档次，如图3.18所示。

图3.18 效果平淡不显档次

拍摄这类商品，商业摄影师们都会尽量使用大面积照射光或者反射光来拍摄。为了表现物品光亮，可以加上较微弱的直摄光源。

以拍摄笔记本为例，罗列出以下拍摄工具供参考：

- 四盏闪光灯；
- 一个柔光箱；
- 三个灯罩；

- 一块黑色背景布；
- 一块黑色亚克力板（可以用深色玻璃板代替）。

参考灯光位如图3.19所示。

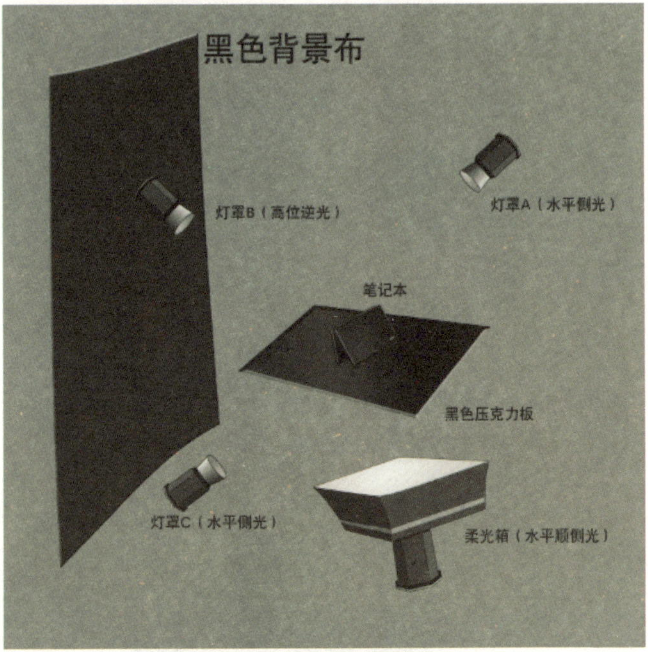

图3.19　参考灯光位

最终效果如图3.20所示。

图 3.20　最终效果图

提示

在这次拍摄中，三只灯罩均是为了打亮笔记本的轮廓，柔光箱打亮笔记本整体，黑色亚克力板具有反光效果，可以产生倒影。

3.2.5 影棚闪光灯常见的六大问题及其解答

鉴于闪光灯拍摄效果好，但是操作性复杂，需要一定专业知识，我们列举以下常见问题供大家参考。

Q 问：如果选择闪光灯，多大功率合适？

A 答:400～600W的闪光灯完全满足要求，没必要过分追求大功率闪光灯。

Q 问：使用闪光灯拍摄，为什么每次拍摄出来的颜色不一样？

A 答：检查一下相机白平衡设置，看看是否是自动。闪光灯的色温一般在5000～5200K左右。因此需要自定义白平衡，将其设置为相应的数值。

Q 问：使用闪光的拍摄，为什么闪光灯功率开到了最小，但是画面依旧过亮？

A 答：遇到这种情况，考虑以下三个问题：

检查你的相机是否在M档（手动曝光程式），室内闪光灯摄影，必须使用全手动设置相机才能正确曝光。

检查一下感光度是否设置为自动。应将ISO改为固定值（一般为了获得最高画质，ISO都设为较小数值）。

若已作相应更改，但是上述问题依旧，这个时候可尝试缩小光圈，也就是将光圈F值增大。

Q 问：使用闪光灯拍摄，为什么闪光灯功率开到最大，但是画面依旧过暗？

A 答：通常这种情况出现，是因为光圈F值过小。需要加大光圈，也就是把F值减小。如果减小后问题依旧，就需要适当增加感光度ISO值。

Q 问：使用闪光灯摄影，相机曝光正常，但是照片里出现了没有曝光的黑色区域。

A 答：这种情况是由于快门速度过高，导致快门帘与闪光灯不同步造成的。检查下你的快门速度。室内闪光灯摄影，快门速度尽量不要高于1/125s。快门速度设置在1/125s为宜。

PS：对于一些高档闪光灯，可以支持单反相机的最高同步速度1/200s或者1/250s。如果还要使用更高速的快门，只能使用带有高速同步功能的闪光灯。但是高速同步模式下，闪光灯的有效功率会呈几何倍数递减，实用性大打折扣，在淘宝摄影里，没有任何必要。

Q 问：为什么有的时候闪光灯不亮?

A 答：这与回电时间有关。回电时间关系到拍摄时的连续性。一般1000W以下的闪光灯回电时间在1～5s，输出功率更高的闪光灯回电时间会长一些。只要在这个范围之内都属于正常的，不必太多苛求回电时间的长短，过短的回电会带来电容的大量负荷，造成故障的隐患也随之增多。因此，即便你的闪光灯有非常快的回电速度，也不要连续快速使用，许多闪光灯的说明书上也会提到这点。

3.3 摄影基础构图

掌握了摄影器材的相关知识后，我们就要进入实际操作当中。如何去构造画面？如何突出产品？如何让照片看上去非常有意思？这些让刚接触摄影的新手困惑而又痛苦的问题，都归结于“构图”。

构图，实际上是一个外来语，意译为构成，结构和联系，在中国画的理论中也称为“布局”“章法”等。构图也是一切造型艺术的重要造型手段之一。摄影构图通俗地讲：就是为了表现摄影构图画面的主题思想，而对画面上的人或物及其陪体、环境作出恰当的、合理的、舒适的安排，并运用艺术的技巧、技术手段强化或削弱画面上某些部分，最终达到使主题形象突出，主体和陪体之间的布局多样统一，照片画面疏密有致，以及结构均衡的艺术效果，使主题思想得到充分、完美的表现。这就是构图在摄影创作过程中的作用。

本节将介绍一些构图基本法则，涵盖了前期构图和后期二次构图的方法。尤其是基础构图，虽然看上去非常枯燥，希望能仔细研读，懂得这些基础知识，才能以不变应万变，拍出绝妙的构图。

3.3.1 构图的五条法则

任何拍摄都离不开构图，如同写作有自己的章法：或者陈述或者议论。因此，摄影构图在我们的拍摄中非常关键。摄影构图与绘画构图有着一些相同之处，可以取其精华，但是不能完全代替。因为每一种艺术表现形式都有自己的规律和原理，摄影自然有着自身的个性和特点。本节引用一些绘画里的构图，结合摄影知识，为大家讲解基础构图法则。

（1）忠实地拍下原物不等于是好的构图，应发觉被摄物体内在的抽象美

越来越多的淘宝商品上架，商品样片也是数不胜数，其中也不乏焦点清晰、曝光正确的照片。但是这些照片无论如何修饰、裁剪都无法弥补拍摄时所缺乏的东西——美感。不管是靓丽的服装还是造型精美的工艺品等，都会遇到这个伤脑筋的问题。而这一切的原因就在于拍摄的商品固有的美之外，还有一些摄影上抽象美的因素没有被我们发现，固有的美并不等同于所拍出的照片也是动人美丽的。当缺乏生动的艺术构思，也就是构图过于平淡，只顾及了商品的外形美而忽略了它们潜在的抽象美，我们拍出的照片将很难打动消费者。读到这，大家还不是很明白何为抽象美，实际上，要想挖掘商品的抽象美，就必须要发挥摄影者的想象力以及娴熟的构图技巧。

提示 实际上，效果最好的商品照片，应该是既展现了商品的样式，又力求画面简洁，敢于大胆处理照片里的线条、色调、形状以及质感。

（2）构图首先要注意的就是形状

摄影构图中，形状是最基本的要素。但凡动人的照片，要么拍摄主体的形状具有戏剧性的效果，要么是依靠几个物体微妙地排列。例如我们在服装拍摄中，通常把同一款型不同颜色的服装巧妙地排列在一起从而产生新的画面效果。因此，在拍摄商品的过程中，对于商品的形状设计是相当重要的，必须要把实在的物体转化成抽象的形状，这样才能更加容易地发掘物体的抽象美。

例如，在摄影中，圆形可能是一个月饼，一个苹果，一个背包，方形可能就是一部手机，一个钱夹。

（3）发现画面与物体形状的关系

日常生活中，并不存在孤立的物体，无论是看到的、遇到的、想象到的每件物体都会与其他物体产生联系。假设我们有一个圆形，如果我们在它的四周加上方框，那么这个方框所包容的空间叫做画面，如图3.21所示。

值得注意的是，只要图形一旦进入画面，我们的形状设计就会出现另一个重要的因素——背景空间。

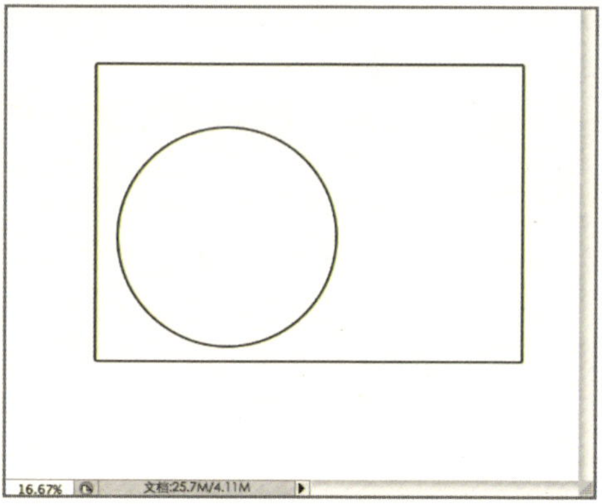

图3.21 画面

提示
背景空间可以是高调，也可以是低调和中间调。

接下来，把圆形放在画面中不同位置，使构图发生变化，如图3.22所示。

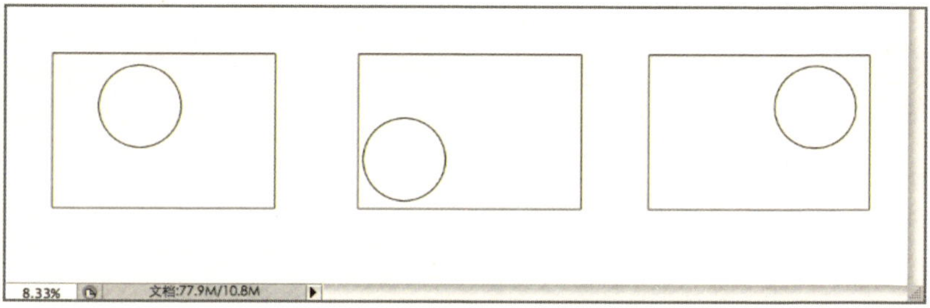

图3.22 使构图发生变化

由此可见，当物体在画面中的位置发生变化的时候，背景空间也发生了变化，从而影响了整个构图。在摄影中，这样的变化起到的作用非常之大。

同样，当把方框的形状改变，也可以产生新的画面，给以新的视觉感受，如图3.23所示。

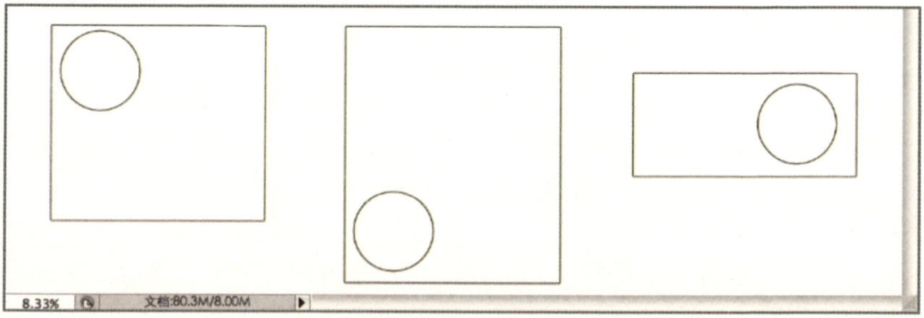

图3.23 改变方框的形状

提示 由于数码相机所能拍出的照片，画面比例通常为4∶3，单反数码相机为3∶2。这样的固定比例往往会局限我们的思维，实际上，我们的画面，可以是正方形，也可以是超宽变长的方形，这些可以通过后期使用相关软件裁剪或者添加获得。

最后，把圆形的大小发生改变，再看看发生了什么样的变化，如图3.24所示。

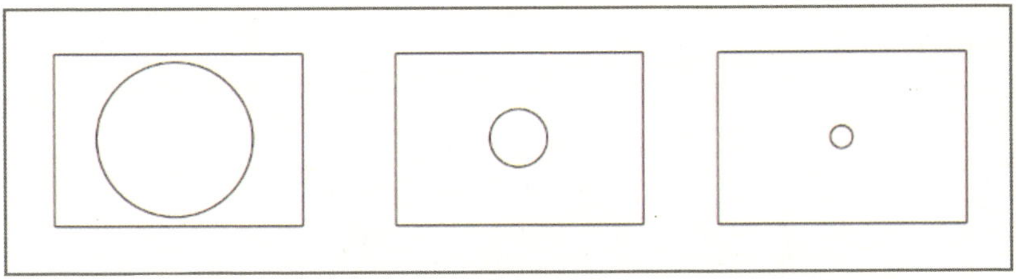

图3.24 改变圆的大小

可以看出，当圆形在画面中的比例发生变化的时候，视觉感受也发生了变化。

小结：无论是圆形在画面中的位置变化，还是画框形状变化，又或是圆形在画面中的比例发生变化，都改变了背景空间，改变了构图。当这些变化交叉使用的时候，这样的变化更加丰富。

（4）搭配两个或多个形状的构图

拍摄过程很多时候会包含两个或更多的形状。当这些形状组合在一起，又能产生新的视觉效果。

比如两个矩形，当它们不接触在一起的时候，会产生如图3.25所示的效果。

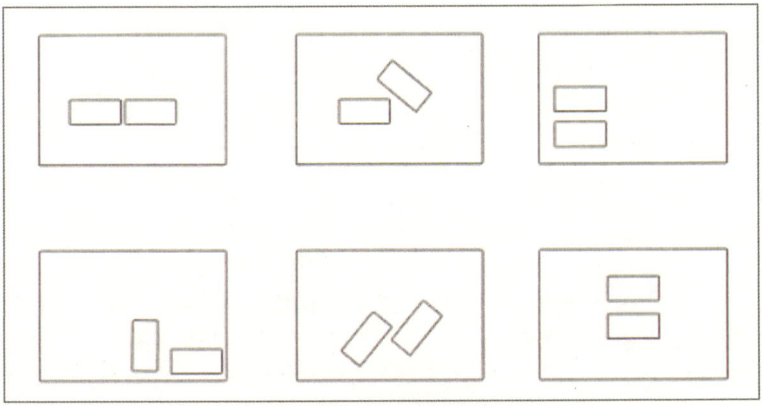

图3.25 不同形状的组合

如果这两个矩形接触在一起，新的变化又产生了，如图3.26所示。

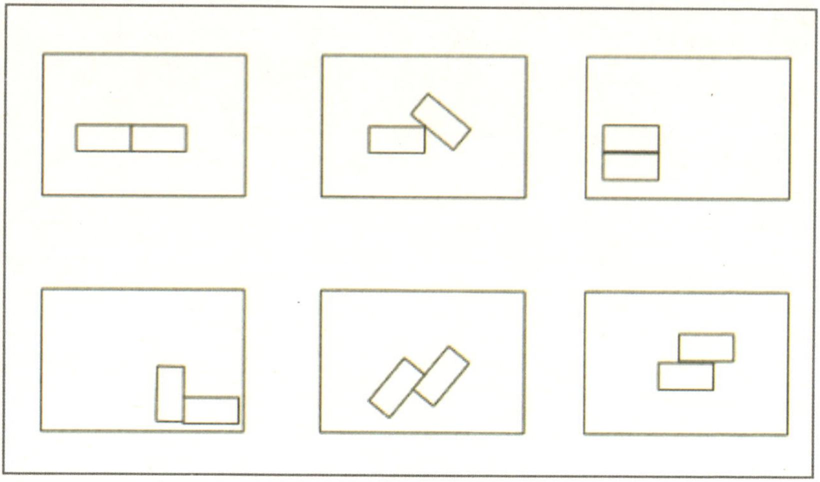

图3.26 两个矩形接触在一起

再进一步，让它们重叠在一起，如图3.27所示。

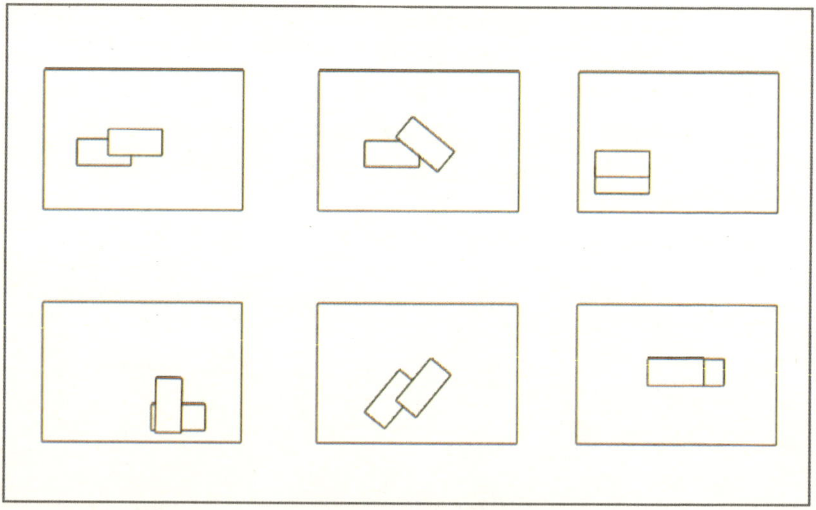

图 3.27 矩形重叠

可见，拍摄同样的几个物体，只要它们的位置关系发生了变化，带给我们的视觉效果也会产生变化。其中，这样的变化可以是更美观的，也可以是看上去不是那么好看的。这就需要我们慢慢培养观察和审美能力，多尝试多观看，长此以往，设计画面能力必然会有很大的提高。

（5）设置画面布局——三分法则、黄金分割法则、对角线法则

三分法则

在拍摄过程中，为了防止出错，都是将被摄物体放入画面中央，如果放到别的地方，很有可能破坏画面。那么，能不能将主体放在其他地方，同时又具有美感呢？当然是可以，摄影发展百年，人们在长期实践中学习和总结了一些实用的构图法则。其中，最基本的就是“三分法则”。

三分法则的理论基础：人们的目光总是自然地落在一幅画面三分之二处的位置上。尽量使主要的被摄体位于画面三等分线的焦点上，效果会比位于中心位置更好，如图3.28所示。

图3.28　三分法则

将画面的长和宽各分成三等分，四条线相交的四个点就是视觉中心点。当把主体放在这四个点的位置时，是最能吸引注意力的。

例如，在实际拍摄中，为了突出人物的面部，那么就在构图的时候把人物面部放在视觉中心点的位置，如图3.29所示。

图3.29　三分法则在人像拍摄中的应用

黄金分割法则

一幅画面中的某些位置点会自动地吸引观众的目光。同样，某些比例（无论是巧合或精心布置的）也会自然地令观众感到舒服。达·芬奇研究了人类对美和和谐的观念，并提出了称为“黄金分割”的原则。其实在达·芬奇之前，巴比伦人、埃及人以及古希腊学者就已经开始在建筑和艺术中应用黄金分割法则了。

要得到“黄金点”，需要用4条直线将一副画面分成不相等的9个区域。每条线分割的原则是：将画面分为一大一小两部分，其中较大部分的边长与较小部分的边长之比，等于全部画面边长与较大部分的边长之比。最终4条直线的交点，就是所谓的“黄金点”了。黄金分割法示意如图3.30所示。

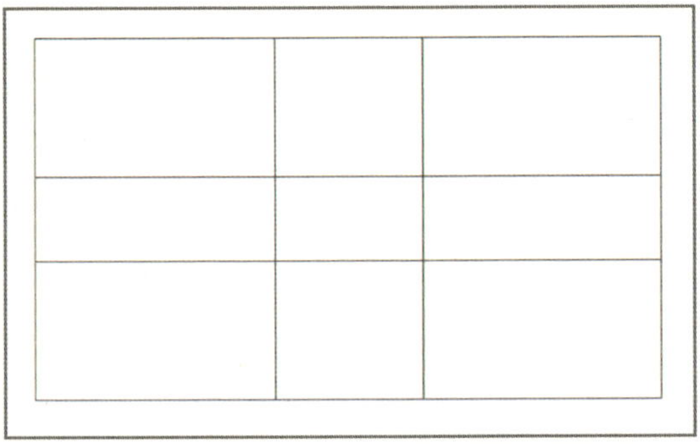

图3.30　黄金分割法示意

在拍摄饮料的样张的时候，我们使用了这一法则，将饮料的商标放入黄金分割点处，如图3.31所示。

提示　在留白处，可以加入一些说明性文字以及LOGO,使整个画面看上去平衡。

图3.31　黄金分割法实拍应用

对角线法则

将画面的一条边平分为六等分，如图3.32所示，用直线连接其中几点，就构成了对角线通道。构图时，重要元素放置于对角线通道上。

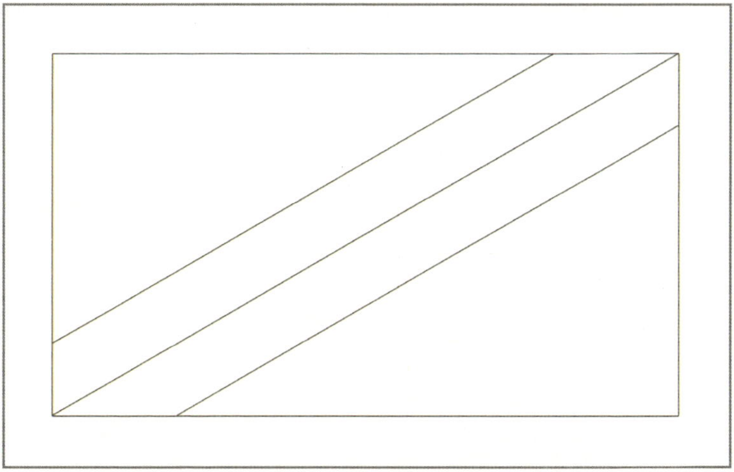

图3.32 对角线构图示意

在某美衣店的淘宝服装片中，采用了这一构图方法展示服装，如图3.33所示。

图3.33 对角线构图的应用

总结:虽然摄影有一定的法则，但是并不是要求必须墨守成规。因为有时把主体放在画面正中央或边缘反而是最有效的构图。本身摄影也是艺术创作的一部分，如果每次拍摄都按照逻辑拍摄，而忽视了主观创意，那么这样的照片往往会标准得死板。记住，掌握这些基本法则只是起点，只是给提供了一个把主体放在画面的某个位置的参考。随着对摄影构图的慢慢感悟，不能总被法则禁锢。

3.3.2 后期二次构图

对于新手而言，摄影构图并不是每次都成功，这个时候，就需要使用后期二次构图的方法来完善我们的照片。

后期二次构图就是指在拍摄完成后，通过使用软件对照片进行裁剪或添加，让同一张照片的视觉中心发生变化。因此，懂得二次构图，可以帮助我们完善拍摄，让原本画面凌乱的照片精炼起来，主题也更加明确。

图3.34也是一张淘宝服装片，并对服装做了整体搭配。大致看上去没有重大问题。但是仔细看会发现模特在画面中的比例过小，导致服装、皮包、眼镜、蝴蝶结等在画中所占的比重变小了，于是注意力过于集中在人物本身。要知道，人面部总是能最先吸引人们的注意力，这是不可避免的，但是服装所占比重过小，我们就会直接忽视。

图3.34　模特在图中比例过小

为了体现服装整体效果，因此我们可以做一下裁剪，如图3.35所示。

图3.35 裁切后的图片

看到这，是否想起了在上一节基础构图知识里关于圆形和画框的关系的讲解？当圆形与画框在画面中的比例发生变化的时候，整个视觉效果也会发生变化。

也许在当时看到抽象的圆和画框，并不能完全体会到这一点。现在把真人服装片做了如此改进，其效果显而易见。由于服装比例在画面中变大，人们的注意力慢慢开始由模特面部集中到服饰上面来，开始关注这组服装片的完整搭配。

理解这一原理后，再来看看，如果要突出绿色衣服，就需要做出如图3.36所示的裁切。

提示：如果想突出画面的某种物体，最有效的方式就是让它占据画面中的主导地位。

图3.36　突出绿色服装进一步裁切

由于画面中绿色衣服占着主导地位，而且皮包也不完整，我们的注意力自然会集中在绿色衣服上。于是这张照片又成了一张不折不扣的单品样片。

第4章

美女服装样片的拍摄基础

真人服装样片是淘宝网拍的重中之重，真人服装样片具有淘宝商业片的普遍规律，也有其特殊的一面——要通过模特来展示商品。拍摄的时候不能只考虑到商品的展示，也不能当成人像写真片去拍。真人服装样片在展现服装和美化人物两者之间都要兼顾，缺一不可。

结合淘宝资深服装摄影师多年来的服装拍摄经验，从基础技术和高阶技巧两个层面，深入浅出地介绍真人服装样片的拍摄诀窍。

本章将为大家讲解拍摄真人服装样片的基础知识。

4.1 拍摄真人服装样片常见问题

对于真人服装样片，还有很多卖家心里充满了疑惑。因此，这里列举了真人服装片的三大问题，并详细解答。

4.1.1 相比服装平铺拍摄，真人服装样优势在哪？

平铺拍摄出来的服装，难免不会让买家充满猜测、怀疑、顾虑和不安，毕竟不管衣服有多么好看，终究是为了人服务的，买家无法知道服装的真实穿戴效果又如何能激发起购买欲呢？只有将服装和人紧密地联系在一起，才能让服装片充满生命力和感染力。真人秀既真实宣传了衣服，也从侧面让顾客感受到卖家商品的真实，一举两得。如果卖家在用真人服装片展示服装的基础上，配合一两张平铺拍摄的服装外貌，再加上几张细节图，效果将非常完美。

有的店铺为了更好地展示服装，采用了真人服装秀的方式，如图4.1所示。

图4.1 真人服装秀

4.1.2 真的有必要花大价钱请模特与摄影师拍摄真人服装样片吗？

对于这个问题，不管是白手起家，还是拥有可观的启动资金，都需要仔细斟酌。做生意，投入要讲回报，每投入一笔都要达到预想的效果。如果投入代价过大，我们就需要思考一下，有没有更具性价比的方法达到同样的效果。

作为一名淘宝摄影师，经常与一些有真人服装拍摄需求的店长合作。他们都有一个共同的特点，很有创业激情，但是也很盲目。他们可以一开始把计划想得非常长远，把未来规划得非常美好，以致连创业前期遇到的困境都可以被这些美好的想象蒙蔽。他们的服装进了一批又一批，不计成本地请来专业模特与摄影师拍摄样片。哪怕销量十分惨淡也都孜孜不倦地发布着他们精美的样片，因为他们始终相信图片发布上去了，再经过推广，终究会营利。但是，前期的不计成本，导致他们很难坚持到营利的那一天就资金紧缺被迫关门。

> **提示**
> 对于一些启动资金不足的创业者，通过代理销售服装是个不错的选择，因为厂商早为代理商准备了精美的服装样片，极大地省去了拍摄成本。创业者完全可以在生意上路，有了固定客源以后再考虑自己拍摄服装的事情。

一家主要经营韩系休闲服装店铺的女店长，凭借自己独特的时尚眼光，让生意日渐红火。而她正是采取代理的方式，厂商提供了精美的样片，大大省去了前期经营成本，如图4.2所示。

图4.2 使用官方样片一样能够实现很好的效果

现在，大家已经知道一间服装店的做强做大，需要具备的因素很多。精美的真人服装片只是网店成功的一个因子，而一张成功的真人服装样片，模特的造型与服装搭配才是核心与灵魂。很多店长却本末倒置，过分依赖模特与摄影师。要知道电子商务已经发展数年，在网上淘换衣服的买家们早已经有了自己的网购经验，她们在经历多年的“服装美图”洗礼后，已经变得谨慎和实在起来，她们最为担心的就是会不会买到仿版和粗制滥造。尤其是面对卖家提供的那些美得不食人间烟火的标准模特照片，心里反倒不塌实了，从而得出模特好看才把衣服穿得好看的结论。

现在，你还觉得花重金请来美丽的模特和技术高超的摄影师有必要吗？你的资金有限，投入就得用在实处。拍摄真人服装片，最注重的就是造型和搭配。通过阅读时尚杂志以及观看一些时装发布会，掌握时尚趋势，对流行有自己的审美和见解。这样一来你的服装搭配才能有品位与风格，造型方面也有了自己的标准，在今后的拍摄准备中，可以和造型师更好地沟通你想要的风格。

由于网店的服装大多以休闲为主，店长完全可以自己或者请朋友来担任模特拍摄真人服装样片。店长或者店长的朋友来担任模特具有以下优点：

（1）更清楚服装款型、质量、大小等真实效果

不少服装摆在那是一种效果，上身后又是另一种风格；有的服装看着一般穿上后却非常出色；也可能服装有一些问题，必须穿上以后才能发现。例如一些衣服标注着M码，穿上后却是S码的尺寸；有的衣服试穿时会发现纽扣容易松动等小缺憾。假设店长没有亲自尝试去做真人秀，是根本发现不了这些问题的。如果这样交易到达客户的手里，怎么会没有抱怨呢？另外，在与客户交流时，说到一些诸如：模特是我本人，您这件我试过上身效果特别好看，这件配什么特绝，这件穿起来好舒服的，这件收腰很棒呢……客户可以从你表述的语言和真实的图片中感受到你对自己店里服装的自信、肯定、了解、充分把握，从而对你的服装更加信赖。

（2）真实感让买家觉得更有说服力，更为亲民

虽然杂志或者代理商给专业模特拍的超漂亮的真人秀照片，非常漂亮眩目，但是这样的漂亮也让人觉得与我们真实的生活有些遥不可及。天使脸蛋+魔鬼身材并不是每一个人都拥有的，如果衣服失去了亲民性怎么好销呢？通过店长自己或者朋友的大胆展示，能让买家觉得衣服更为真实、更为可信，亲民性自然就提升上去了。

（3）让买家更了解认识你

拍摄真人服装片，并不需要完全露出尊容，但是买家可以通过服装

搭配、穿衣风格上慢慢认识你的风格和性格特点。一旦买家们欣赏你的风格，认可了你的品位，并成了你的粉丝，那么你的网店会为此收获不小。

（4）通过一张照片里的服装搭配让更多的商品获得销售机会

既然拍摄一件衣服也是样片，搭配上别的服饰以后也是样片，完全可以把自己同一类风格的其他宝贝服饰，进行搭配后同时拍摄。这样的样片可以从多角度呈现给不同的客户，一张样片能同时展示多件服装，极大地节约了拍摄成本并提高了网店效率。

4.1.3 棚拍和外拍，哪个更适合我的网店?

拍摄真人服装片，就会遇到一个最基本的问题，到底是外拍还是棚拍呢?

表面上看上去，似乎棚拍更专业，而外拍会比较随意，搞不好还会让人觉得不专业。

事实真是如此么? 诚然，棚拍不需要出外景，省去了中途消耗的时间，更节省了精力；棚拍还不受天气和季节影响，更不会担心反季拍摄带来的不便；棚拍由于整个过程都是在室内操作，模特的化妆造型，更换服装都可以在影棚完成。这么看来，棚拍的确效率更高，节省人力物力。但是棚拍并不是完美的，棚拍需要的硬件设施很高，无论是场地费用，还是摄影灯具的费用，都不是小数目。而且棚拍的服装片往往很死板，没有个性与特色，照片不鲜活很难打动人。

再看看外拍，虽然很容易受到外界干扰，例如天气、季节、交通，这些都是我们外拍经常遇到的问题。很多人觉得外景难拍，自己的外拍服装片，很业余也没有美感。这些都是因为外拍拍摄对选景构图的要求都非常高，而且好的外拍必然有好的色调。

一旦克服这些问题，你将会发现外拍对比棚拍，有太多太多的优势。首先，外拍更具有真实感，利用真实的现场环境，很容易打动买家的心。其次，外拍主要是使用自然光拍摄，省去了影棚成本，拍摄更自由，不需要操作复杂的闪光灯。再次，外拍的现场拍摄氛围轻松，对于摄影师和模特都不易产生紧张与不安，这种氛围是黑暗压抑的影棚所不具有的。当然，最重要的就是，现在淘宝网成功的商家，无一不是依靠优秀的外拍。当年，某日系品牌的女装正是通过在海南拍摄的一组外景，一举成名，而且片中的那件碎花连衣裙也是创了当年的销售记录。

4.2 外景真人服装片的拍摄技巧

外景真人服装片看上去容易，但是要拍好却需要注意很多环境因素，而且在POSE方面也需要有特殊设计，这一节将围绕这些方面给大家讲解外景真人服装片拍摄技巧。

4.2.1 外景自然光的选择

在外拍的时候，会遇到很多类型光线，诸如晴天的太阳直射光、阴天的散射光、地面和墙壁的反射光。这些光线所拍摄出来的光效是完全不一样的，它们各有利弊。

（1）晴天。一般来说，晴天的时候，适合拍摄照片的时段为早上9点～11点，下午4点～6点。其他时间段，要么光线太弱，要么就是正午太阳光在顶部，会在脸部照出难看的阴影。图4.3所示为下午5点拍摄的照片，使用太阳直射光拍摄，并且是顺光方向。

图4.3 拍摄于下午5点的照片

可以看到，晴天的时候，使用顺光拍摄。整个照片对比度饱和度很高，质感强烈。但是使用这种光线拍摄白色服装的时候，往往光线不好控制，造成过曝以及死白。当然，我们可以使用宽容度更高的RAW格式来解决这个问题。

同样的时间段，我们将模特放到树荫下，这个时候的光线属于散色光，同样是顺光，拍到了如图4.4所示的效果。

图4.4 分散光的效果

图4.5 逆光拍摄的效果

可以看到，同样是晴天，同样是顺光，我们把模特放在树荫这样的散射光环境下，画面的对比度和饱和度依然非常高，但是人物面部柔和了，白色的衣服也有了层次。

如果这个时候，再选择逆光，拍摄，那么就会得到如图4.5所示的效果。

可以看到，在晴天太阳照度角不高的时候，拍摄逆光照片，我们得到的画面调子会很轻柔，饱和度不高，但是对比度依然高，画面像蒙着一层薄纱。这也是日系风格摄影里常用的光线。

（2）阴天/多云天。阴天/多云天的时候，无论任何时段都是散射光，也就是没有强烈阴影，因此外拍时不用刻意去挑时段拍摄。

如图4.6所示为多云天正午时间所拍摄的服装效果。

可以看到，阴天拍摄的时候，画面对比度和饱和度都会低一些，没有强烈的阴影，服装的层次感强，细节都非常完好。正因为光的方向性不明显，因此我们在选景构图的时候，基本可以忽略光线的方向。

图4.6 多云天拍摄的效果

4.2.2 资深网拍摄影师告诉你人像服装片“选景构图”的一般规律

了解了各种光线环境的拍摄效果后，我们将介绍一些外拍“选景构图”规律。

（1）寻找线条感强烈的背景

生活中，譬如道路、河流等，都有强烈的线条感，可以利用这些线条感强的背景来拍摄照片。

如图4.7所示，模特走着的公路就具有很强烈的线条感，构图的时候，机位略高一些，这样，公路的线条就直接指向模特的服装，引导观看者的视线指向衣服。

如图4.8所示，河流浅滩拥有强烈的线条感。另外，远处的山脉也具有线条感，整个画面的线条都从四个角指向模特。

图4.7 寻找线条感强烈的背景

图4.8 线条都从四个角指向模特

（2）街拍的时候善于利用色彩统一的背景建筑

拍摄的服装都有各自的颜色，我们在拍摄的时候，就需要注意背景颜色的选择，不能让画面的颜色过乱。但是日常生活中，周围环境的颜色很难做到统一，尤其是街拍的时候，杂乱不可避免，譬如背景里可能有绿色的树叶，红色的花坛等。这个时候，一些色彩统一的大面积建筑就成了很好的选择。

在图4.9中，我们选择了街边的一个咖啡屋作为背景，咖啡屋整体是深绿色，周围的植被是嫩绿色，篱笆是黄色，这些颜色都是相近色，因此服装与背景颜色统一。

提示 这里的色彩统一是指色彩中没有互补色。

图4.9　颜色统一

如图4.10所示，使用了商店褐色的门作为背景。整个背景颜色都比服装深，这样就能达到突出服装的目的。

图4.10　突出了服装

4.2.3　模特POSE指导

拍摄真人服装片，同样需要有POSE，但是这种POSE和人像写真的POSE略有不同。真人服装片的POSE更主要是为了展示服装的特色，方便买家浏览服装每一个细节。这里我们介绍一些真人服装片常用的POSE。

图4.11所示为最基本的站姿，动作不宜过大，一切以展示衣服的款型为主。模特的眼睛不用直视镜头，往往眼神直视镜头后，买家的注意力会被分散。

低头走动的动作也是网拍中常用的，如图4.12所示。需要注意的是，抓拍走动的时候，尽量使用相机的追焦模式，这样才能保证出片焦点清晰的成功率。

图4.11 基本的站姿

图4.12 低头走动的动作

如果服装比较修身，那么拍摄一些侧面的角度也十分有必要。叉腰动作本身也具有“瘦身”作用，所以在展示一件衣服瘦身作用的时候，叉腰动作不可少，如图4.13所示。

模特站立以后，以腰为轴心，转动上半身，双腿交叉，如图4.14所示。

图4.13 叉腰动作能显得身瘦

图4.14 双腿交叉

以上是一些基本的动作，但是在实际拍摄中，会遇到各种款式风格的服装，可以在基本动作的基础上加入一些其他动作，增强服装的特色。

拍摄休闲一类服装的时候，模特的表情尽量自然一些，嘴唇放松，用手轻轻拧下包，给人一种把包放上肩膀或者扶正肩包的感觉，整体看上去自然不矫揉造作，如图4.15所示。

图4.15　休闲服装的拍摄

双腿内八字可以让模特双腿看上去更修长，而且还带一点点可爱，把裤子的整体形状也展示了出来。需要注意的是：身体重心微微倾斜一点，可以避免站得死板，如图4.16所示。

图4.16　站姿避免死板

为了展示裙摆，需要让模特用手拧住裙摆，掌心外翻，让裙子微微飘起来一些。裙摆不宜摆动太大，否则裙子就失去本身的形状而且没有美感了，如图4.17所示。

图4.17　裙摆不宜摆动太大

图4.18　走时装步

还可以让模特走时装步，让裙摆自然飘起。双手不用过于拘束，可以摆臂，做一些扶帽檐的动作，能更好地展示裙子和帽子的效果，如图4.18所示。

在走动中，提住裙摆，头微微偏一点，另一条手臂弯曲一下，掌心向上，整个动作非常动感，能让买家感受到裙摆的飘逸，如图4.19所示。

图4.19　感受裙摆的飘逸

拍摄泡泡裙这类可爱风格的服装，模特可以笑得甜一些。只使用一只脚支撑，另一只脚踮起来，扭动一下腰，让照片充满活力，如图4.20所示。

图4.20 突出可爱风格

掌心外翻，头微微倒向一边，略带俏皮的表情也能提升服装的可爱程度，如图4.21所示。

图4.21 配合略带俏皮的表情

当模特正对镜头的时候，双手叉腰的瘦身效果更加明显，如图4.22所示。

图4.22　瘦身效果

插口袋的动作通常带着一些硬朗，对于中性的服装比较合适。模特本身扭出S型曲线，整体魅力程度加分不少，如图4.23所示。

图4.23　插口袋的动作

有“蝴蝶袖”的衣服，那么在摆动作的时候，可以抬起手，有意展示这件衣服的特色，如图4.24所示。

图4.24 注意服装特色展示

4.3 单反相机的设定

尽管构图和用光才是摄影的王道，单反相机的机身设置并不能对我们的拍摄效果产生质的变化。但是懂得一些基础相机设置，能缩减我们的工序，为照片锦上添花。

4.3.1 相机基础性能设置

数码单反相机的专业功能很多，相关的机身设置也很繁琐。但是真正对拍摄有决定性作用的并不多，本节就这些关键性的功能设置做一一分析，给相机的机身设置提供参考。

相机的基础性能设置包括：照片分辨率、照片精细度、对焦模式、对焦点选择、白平衡设置。

（1）照片分辨率

作为再基础不过的设置，往往人们都选择使用默认的最高分辨率。要知道，我们的相机通常都对分辨率做了3档调整，是最高分辨率、中等分辨率和最低分辨率。淘宝摄影所需图片的单张分辨率通常在720×480。以佳能5D Mark II的机身自身的各档分辨率为例，5D MarkII机身可设置分辨率如下：

- 约2100万像素（5616×3744）
- 约1000万像素（3861×2574）
- 约520万像素（2784×1856）

淘宝摄影图片单张分辨率一般约为30万像素（720×480）。它们的比例关系如图4.25所示。

图4.25　不同像素尺寸的比例关系

由此可见，即使使用5D Mark II 最低分辨率，图片尺寸也远远超过了淘宝网店所需要的图片尺寸。然而，一张8GB的存储卡，使用最低分辨率所能拍摄的照片数量是最高分辨率能拍摄照片数量的3～4倍。使用最低分辨率依然能满足我们的拍摄需要，同时又节省了存储空间。

（2）照片精细度

这又是一个相机厂家给出的难题：照片精细度。为什么会有照片精细度一说呢？因为存储照片的JPG格式是一种有损压缩格式，当JPG图片压缩程度越大，照片所占的存储空间就越小，照片精细度就会降低。

关于相机精细度设置，虽然各个厂家描述不大一样，但是基本上说的都是三个概念：最高画质、中等画质（普通画质）以及最低画质（一般画质）。照片经过不同程度的压缩后，产生了不同画质，这些画质差异有多少呢？

使用5D Mark II拍摄模特，为了防止误差，笔者使用了5D Mark II的RAW格式来拍摄，在电脑后期使用佳能原厂附送的DPP软件（Digital Photo Professional）将RAW格式转换成JPG照片，JPG照片分别使用了最高画质（10）、普通画质（8）、一般画质（6）三种画质。这三种画质的详细对比如图4.26所示。

图4.26　不同画质的对比

值得注意的是，这张RAW格式的照片，转换成三种画质的JPG后，最高画质的照片有10MB之大，普通也有画6MB，一般画质只有3.5MB，压缩量非常大，但是它们即便是放大到100%，也很难看出差别，更不用说将照片缩小到淘宝需要的小分辨率照片。

所以，对于淘宝网拍，相机的照片精细度可以选择一般画质，完全足够。

（3）对焦模式

知道单反数码相机的对焦模式两种，AF（自动对焦），MF（手动对焦），对于淘宝拍摄，首先就要考虑方便快捷，这样才能提高效率，AF能帮助我们完成这一任务。但是AF有三种对焦模式——单次自动对焦、人工智能伺服自动对焦、人工智能自动对焦。这三种模式各有什么特点，拍摄时如何选择呢?

- 单次自动对焦：半按快门锁定焦点后便不再对焦。直到再一次半按快门对焦。日常拍摄，我们都使用单次自动对焦，包括大部分网拍。
- 人工智能自动对焦：合焦后有提示，一旦移动相机，相机会对当前对焦点位置连续对焦，适合拍大部分时间是不动，但有可能突然动的东西。
- 人工智能伺服自动对焦：对焦的时候不会有合焦提示，相机会一直连续对焦，适合抓拍一直动的东西。

综上，单次自动对焦是最常用到的设置，一旦需要抓拍，就要使用人工智能伺服自动对焦。

（4）对焦点选择

每一款单反都有一定数量的对焦点，譬如尼康D700有51个对焦点，佳能7D有19个对焦点等。但是这些对焦点精确度都一样么？当然不是。对焦点有十字对焦点和线性对焦点之分，其中十字对焦点对焦精确度和对焦速度都高于线性对焦点，而且因为相机先天设计的缘故，中央的对焦点精确度要高于周边的对焦点。当然，这些问题要说太细就涉及到相机制造领域的问题了，不属于本书讨论的范畴。所要知道的就是，中央对焦点和周围对焦点的对焦精度差异有多大。

首先，使用专业的跑焦测试卡来测试中央对焦点和边缘对焦点的对焦精度差异。图4.27所示为专业的跑焦测试卡平面图，图4.28为跑焦测试卡侧面图，图4.29为安装好后的实物图。

提示

拍摄跑焦测试卡的时候，将相机对准靶心对焦，合焦完成后进行拍摄。如果刻度尺上“0”最为清晰，则表示对焦准确。如果刻度尺上最清晰的数字不是0，而是发生了偏移，则表示对焦精度不够（向正数偏移表示焦点后移，向负数偏移表示焦点前移）。

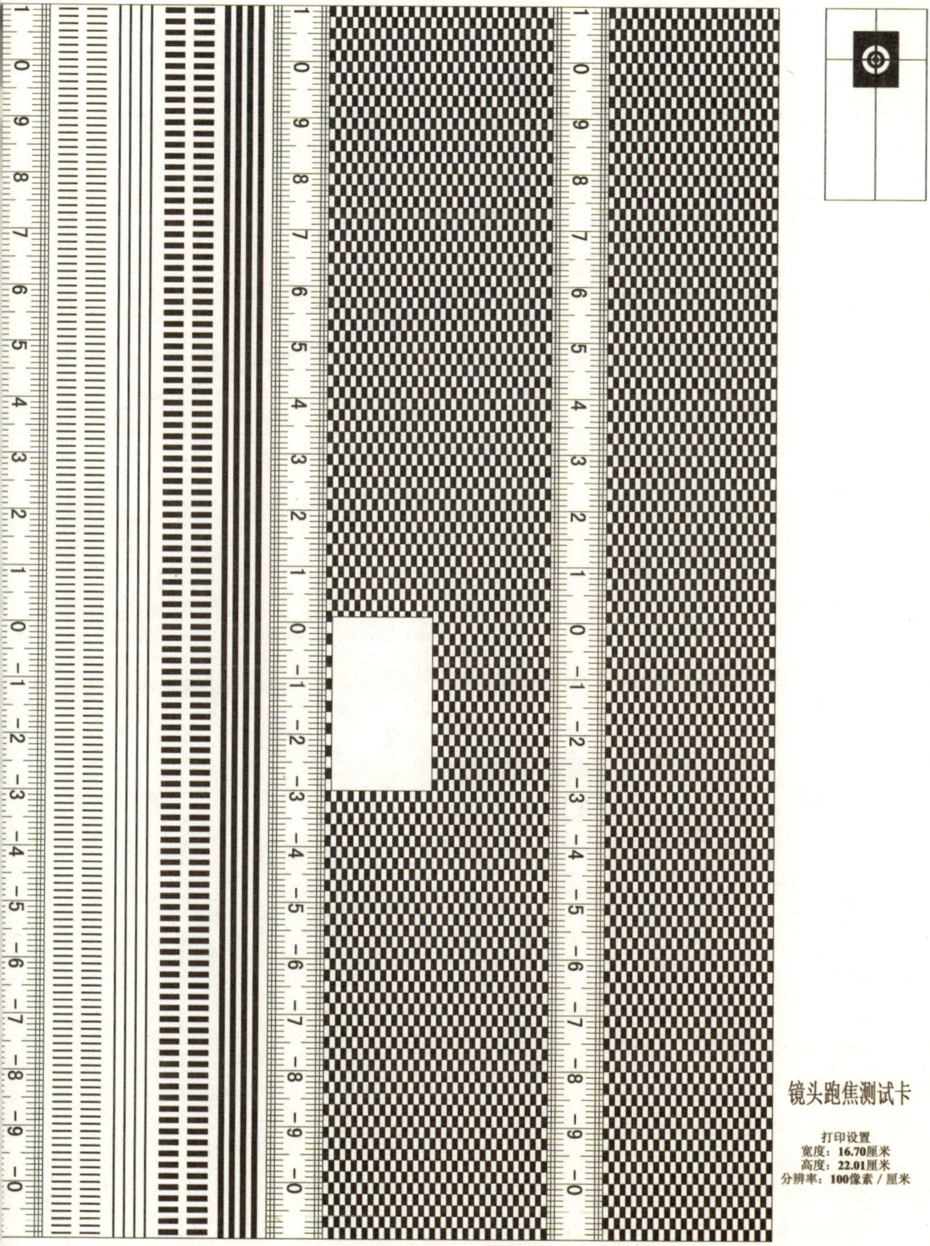

图4.27　专业的跑焦测试卡平面图

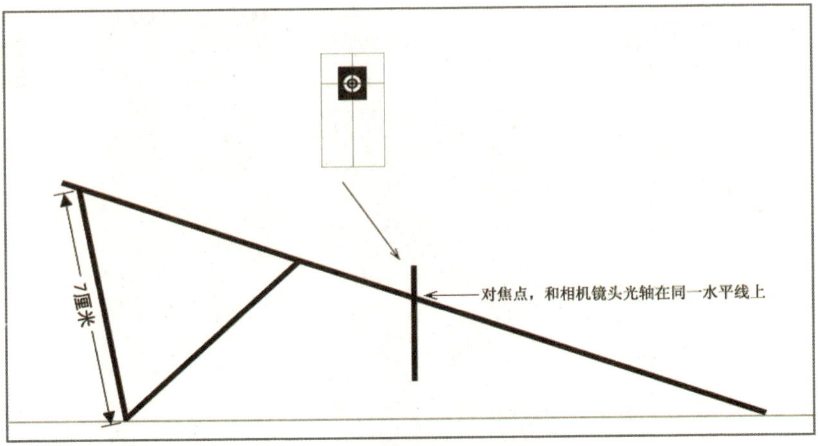

图4.28　跑焦测试卡侧面图

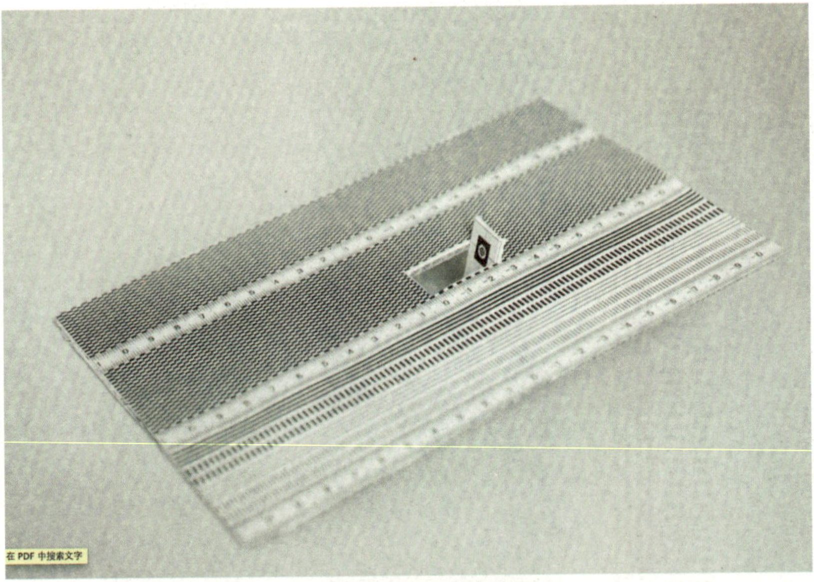

图4.29　安装好后的实物图

测试的相机为佳能5D Mark II，镜头为EF24-70mm F2.8L，按照官方的解释，5D Mark II的中央对焦点为F2.8精度的双十字对焦点，外围的8个可见对焦点均为性能也一样的F5.6精度的线性对焦点。因此，使用中央对焦点和边缘的对焦点作为测试。相机设置为焦距70mm、光圈F2.8对比如图4.30。

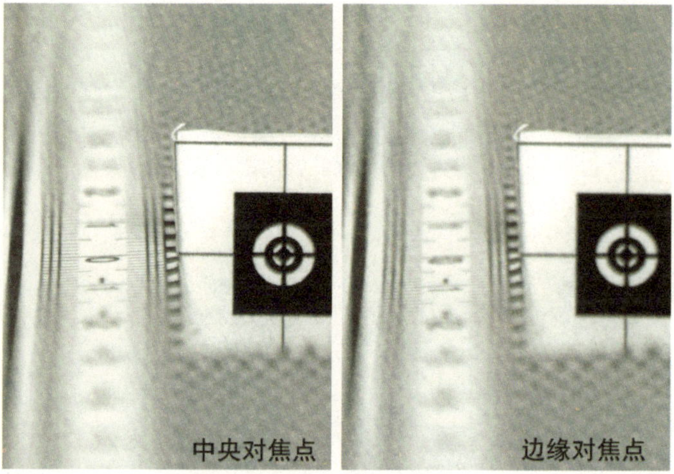

图4.30　中央对焦与边缘对焦

通过观察发现，中央对焦点几乎100%找到了对焦点，而边缘对焦点有些向前移动。由此可见中央对焦点的准确度要高于边缘对焦点。

> **提示** 之所以选择镜头70mm端拍摄因为这是镜头的长焦端，景深最短，对焦的轻微误差最容易被察觉。

单从测试卡还不能说明实际拍摄的问题，接下来通过拍摄事物，看看中央对焦点和边缘对焦点到底有多大差别，如图4.31所示。相机设置为70mm光圈F2.8。

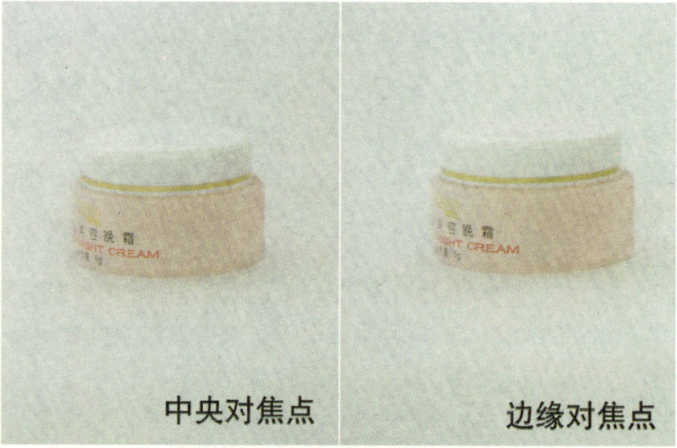

图4.31　中央对焦与边缘对焦

可以看到，在实际拍摄中，并不需要像科学家一般将照片放大到100%去测试相机对焦精度。对于拍摄商品实物图而言，看中的是所拍摄的照片能不能展示我们的商品，不论是中央对焦点还是边缘对焦点，尽管它们的对焦精度有一些差异，但是这种差距在实物图中并不明显。由此可见，如果只是拍摄淘宝样片，边缘对焦点也可以满足我们的拍摄需求。

（5）白平衡设置

单反相机里的白平衡设置非常重要，直接关系到我们拍摄出来的照片会不会出现偏色。在机身设置里，通常有自动白平衡、日光、阴天、阴影、钨丝灯、荧光灯、闪光灯、自定义和手动设置色温数值。

日光、阴天、阴影、钨丝灯、荧光灯、闪光灯都是相机预先设置好了色温数据，用户遇到类似场景的时候可以直接使用，尽管这样使用非常方便，但是毕竟相机只是设置了一个通用数据，实际拍摄色温并不一定和预置的参数一样。

自定义和手动设置色温数值都是需要用户设置的，而且需要专业测试工具才能正确设置，虽然通过专业测试工具测试出来的白平衡精确度很高，但是毕竟操作繁琐，而且每次拍摄都测试白平衡会影响拍摄效率。

自动白平衡是依据相机内置的的智能色温表，通过以“点测白光”工作，它取白点中RGB三色参数最接近的那个白点为平衡依据获得色温数值。那么相机内置的色温表测试出来的白平衡数据可靠吗？在现场光源并不复杂的时候，比如白天外拍，只有日光，这个时候相机内置的色温表是非常精准的，完全可以放心使用。

由此可见，淘宝外拍，把白平衡设置成为自动白平衡就可以了。

4.3.2　设置单反镜头的最优光圈拍出唯美照片

我们知道，单反镜头的光圈大小是可以变化的，而且光圈数值的不同，拍摄出来的画面也会不一样。我们使用佳能EF 35mm F1.4镜头，分别使用F1.4、F2.0、F2.8、F4.0、F5.6、F8.0、F11、F16、F22，让光圈数值逐级缩小进行拍摄。效果对比如图4.32所示。

可以看到，当光圈开到最大的F1.4时，花盆里的花并不是全部都清晰，而背景也是虚化成一片；随着光圈的缩小，花盆里的花与背景开始逐渐清晰。在光圈F4.0的时候花盆里的花全部清晰了，接着再继续缩小光圈，背景也变得清晰。

拍摄淘宝真人服装片，既要保证拍摄的服装清晰，又要保证画面的唯美，那么就应该选择合适的光圈，而不是一味追求超大光圈，也不是把光圈全部缩小导致画面失去美感。光圈是需要权衡使用的。

图4.32 不同光圈效果对比

4.3.3 进阶技巧之设置RAW格式出片

在单反相机里，除了JPG格式以外，还有另一个格式——RAW格式。而且在前面的小节里，反复提到了RAW格式，可见RAW有着举足轻重的作用。在本节，需要了解RAW格式的相关知识。

（1）什么是RAW格式？

RAW格式就是CMOS或者CCD图像感应器将捕捉到的光源信号转化为数字信号的原始数据。RAW文件是一种记录了数码相机传感器的原始信息，同时记录了由相机拍摄所产生的一些原数据（Metadata，如ISO的设置、快门速度、光圈值、白平衡等）的文件。RAW是未经处理、也未经压缩的格式，可以把RAW概念化为“原始图像编码数据”或更形象地称为“数字底片”。

（2）RAW格式对比JPG格式的宽容度差别？

我们知道，数码单反相机都有宽容度，那么RAW格式的宽容度与JPG格式的宽容度有差别吗？答案是肯定的。JPG格式的宽容度为8级曝光，而RAW格式的宽容度，每家相机厂家的CCD/CMOS芯片不同，略有差别，但是都达到了11～14级曝光，远远高过JPG的8级曝光。相差的这些曝光级数能给我们的实际拍摄造成什么样的影响呢？

使用佳能5D Mark II的RAW格式与JPG格式做了对比。在机身设置的时候，将拍摄格式同时选择了RAW+精细画质的JPG（两者分辨率相同）存储照片。这样一来，我们就可以得到相同曝光不同格式的照片。

图4.33是拍摄的原片，可以看到，由于模特穿有白色的衣服，虽然绿色衣服和面部曝光准确了，但是白色衣服都完全过曝掉。

图4.33　原片过曝

这样一来，RAW格式与JPG格式不就没有差别了么？不用担心，使用Photoshop进行一些后期调整后再来对比一下。修正后的效果如图4.34所示。

无论RAW格式还是JPG格式，都做了相应的曝光调整，但是由于RAW格式宽容度更高，所以拍摄时过曝的白色衣服层次被拉了回来，连地面的细节都更加丰富了。但是无论JPG格式如何调整，高亮区域的层次都无法找回，地面细节也不够丰富。

由此可见，在拍摄白色衣服的时候，为了防止曝光过度导致服装失去细节，最有效的方法就是使用RAW格式拍摄。

图4.34 调整后的效果

（3）对比JPG格式，RAW格式后期额外可以修改的照片参数有哪些?

由于使用RAW格式来保存文件，相机便会创建一个包含锐度、对比度、饱和度、色温、白平衡等信息的页眉文件，但是图像并不会因这些设置而改变，它们只不过是在RAW文件上加以标记。随后RAW文件将同这些有关设置以及其他的技术信息一同保存至存储卡中，因此我们在使用RAW处理后期照片的时候，有更多修改选项：

①随意修改色温：RAW文件并没有白平衡设置，但是真实的数据也没有被改变，就是说作者可以任意调整色温和白平衡，并且是不会有图像质量损失的。

②个性化调整照片对比度与饱和度：虽然RAW文件附有饱和度、对比度等标记信息，但是其真实的图像数据并没有改变。用户可以自由地对某一张图片进行个性化的调整，而不必基于一两种预先设定好的模式。

③RAW可以将其转化为16位的图像。也就是有65536个层次可以被调整，这对于JPG文件来说是一个很大的优势。当编辑一个图像的时候，特别是当你需要对阴影区或高光区进行重要调整的时候，这一点非常重要。

4.4 后期制作

好的服装照片与后期制作密切相关，它主要包括色调修饰（也就是常说的调色）以及对人物的修饰。色调修饰是后期制作的重中之重，好的色调可以让平淡无奇的服装照片脱颖而出，迅速吸引买家眼球。同时，色调也代表一种个人风格。一旦你的色调风格建立以后，买家看到你的照片，不用看任何文字标记都能联想到你的小店、你的服装。

本节将介绍后期制作的实用技巧，以便照片更加出色。

4.4.1 色彩的基本原理

无论做任何事情，打好基础永远是成功的关键。同样，对于后期制作来说，掌握色彩的基本原理，也是创作出优秀色调的基础。

（1）色相与色相环

色相是色彩的首要特征，是区别各种不同色彩的最准确的标准。事实上，任何黑白灰以外的颜色都有色相的属性，而色相也就是由原色、间色和复色构成的。色相，色彩可呈现出来的质的面貌。自然界中不同的色相是无限丰富的，如紫红、银灰、橙黄等。色相即各类色彩的相貌称谓。

最初的基本色相为：红、橙、黄、绿、蓝、紫。在各色中间加插一两个中间色，其头尾色相，按光谱顺序为：红、橙红、黄橙、黄、黄绿、绿、绿蓝、蓝绿、蓝、蓝紫，紫。红紫、红和紫中再加个中间色，可制出12基本色相。

这12色相的彩调变化，在光谱色感上是均匀的。如果进一步找出其中间色，便可以得到24色相。如果再把光谱的红、橙黄、绿、蓝、紫诸色带圈起来，在红和紫之间插入半幅，构成环形的色相关系，便称为色相环。

在色相环的圆圈里，各彩调按不同角度排列，则12色相环每一色相间距为30°。24色相环每一色相间距为15°，如

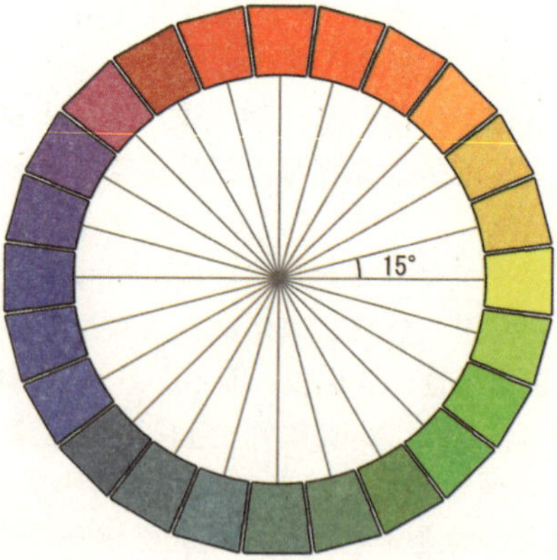

图4.35 24色相环

图4.35所示。

在色相环上，有三原色，又被称为三基色，即用以调配其他色彩的基本色。三原色的色纯度最高，最纯净、最鲜艳。可以调配出绝大多数色彩，而其他颜色不能调配出三原色。

三原色通常分为两类，一类是色光三原色，另一类是颜料三原色。

色光的颜色是本体发光物发出的直接光线而产生的。它的三原色由红、绿、蓝（RGB）组成，当红、绿、蓝三原色等量在一起的时候就产生白光，按不同比例混合就会产生不同颜色的光线，如图4.36所示。

图4.36 三原色

提示 在RGB中，R即Red，红色；G即Green，绿色，B即Blue，蓝色。电视机屏幕、手机屏幕、电脑屏幕等的颜色显示都是通过RGB显示。

颜料的颜色是在白昼光照射下反射出来的波长（不反射的波长被吸收了）产生的颜色。它的三原色由品红、黄、青组成(CMY)，几种颜料的混合颜色是各成分共同反射的光；当品红、黄、青等量在一起的时候，会配出黑色，按不同比例混合可获得其他颜色，如图4.37所示。

图4.37 按不同比例混合可获得其他颜色

提示 在CMY中，C即Cyan，青色，M即Magenta，洋红色，Y即Yellow，黄色。由于在现实生活中，很难配出100%的纯洋红、纯青色和纯黄色，为了获得纯正的黑色，单独使用黑色颜料，用K表示（由于黑色和蓝色的头一个字母都是B，为了与蓝色区分开，故使用Black的最后一个字母K来表示）。在印刷中，印刷色就由CMYK来表示。

（2）明度

明度可以简单理解为颜色的亮度，不同的颜色具有不同的明度，白色的明度最高；黄色明度较高；绿、红、蓝、橙的明度相近，为中间明度；紫色明度较低；黑色的明度最低。在同一色相的颜色中，明度不同，颜色就会发生变化，如图4.38所示。

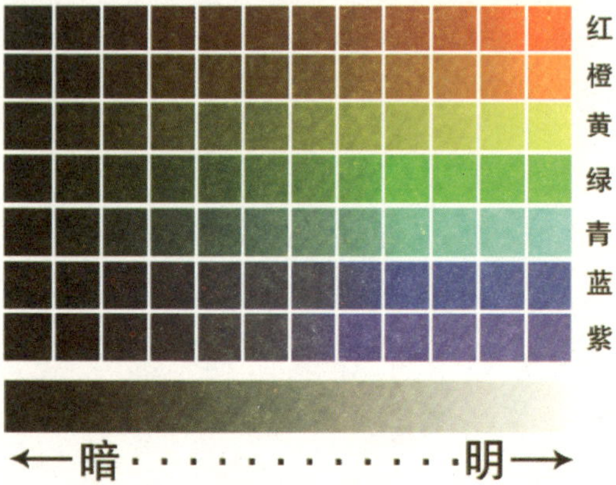

图4.38　明度示意

> **提示** 在一张照片中，如果画面的整体颜色明度都较高，那么整张照片的调子就会较高，画面较通透。

（3）饱和度

饱和度是指色彩的鲜艳程度，也称色彩的纯度。饱和度取决于该色中含色成分和消色成分(灰色)的比例。含色成分越大，饱和度越大；消色成分越大，饱和度越小，直至消除原有的颜色成为灰色，如图4.39所示。

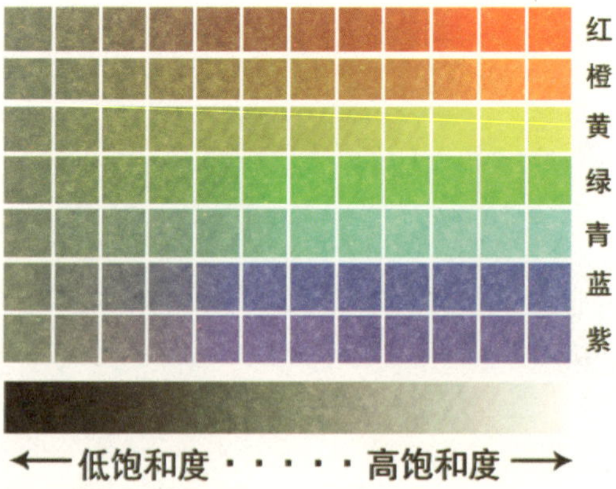

图4.39　饱和度示意

（4）互补色与相近色

互补色：假如两种色光（单色光或复色光）以适当的比例混合而能产生白色感觉时，则这两种颜色就互为补色。例如，波长为 656nm 的红色光和 492nm 的青色光互为补色光；又如，品红与绿、黄与蓝，亦即三原色中任一种原色对其余两种的混合色光都互为补色。补色相减（如颜料配色时，将两种补色颜料涂在白纸的同一点上）时，就成为黑色。补色并列时，会引起强烈对比的色觉，会感到红的更红、绿的更绿。如将补色的饱和度减弱，即能趋向调和。 如果两种互补色在一起，它们会在视觉上相互增强对方的色彩，比如洋红和绿色在一起，会让洋红显得更红，绿色更绿。

提示　要想知道哪两种颜色是互补色，可以查看色相环，在色相环上，相互对立呈 180° 的两种颜色为互补色。

相近色：在色相环上两种颜色相互接近的颜色即是相近色。当两个相近色在一起的时候，会感觉色彩反差不大，整体协调，不会感觉突兀。例如，红色和橙色是相近色，黄色和绿色是相近色，绿色和蓝色是相近色。

（5）色彩的搭配

在后期对照片调色的时候，都会让照片倾向于一种色调，从而通过这种色调传达我们的感情。比如蓝色带着一丝幽郁也带着一些理智，橙色看上去带着喜庆，青色让人感觉很清新，紫色往往优雅浪漫。

尽管知道这些颜色的性格，很多照片在后期处理的时候也让它倾向于一种色调，但是效果却不是很好，这是为什么呢?

来看一组实验，如图4.40所示。

图4.40　色彩的搭配

图中的几个颜色组合，整体属于冷色调，以青蓝色和青绿色为主。虽然也没有什么问题，但是这样的颜色看上去没有什么亮点，而且很呆板缺少活力。

此时，如果在图4.40的色彩组合里加入一点补色——红和黄这两种暖色，如图4.41所示。可以看到，虽然总体色调依然是冷色调，但是红色和黄色带来了活力，看上去不再呆板。

图4.41　加入补色

以上只是理论的小实验，再来看看实际应用中，这些微小用色差别对照片风格造成的影响。图4.42中，两张照片都是日系清新风格的色调。摄影师对高光部分的调整都是一样，都调整了相同的参数，让高光区域偏青色，但是在暗调区域做了不同更改。右图暗调区域依然偏青色，使整张照片全部偏青色调。左图加了暖色系的，反而看上去比全部加了冷色系的照片更加清爽，整体色调看上去也更加平稳。这也就是在某种大面积色调中加入一些互补色所起到的作用。

图4.42　效果对比

4.4.2 利用RAW格式修正前期拍摄的不足

使用RAW格式对后期拍摄有非常大的帮助，在本节将介绍利用RAW格式修正照片前期拍摄诸如曝光过度、曝光不足以及白平衡不准的具体方法。

由于各厂家都有自己的RAW格式调整软件，操作界面和使用方式都有一些差别。因此我们使用可以兼容各厂家RAW格式的第三方插件来调整RAW格式，这个插件是Adobe公司专为Photoshop量身订做的，名叫Camera Raw。

> **提示** 在Photoshop最新版本的CS5中已经内置此插件，不需要另外下载。

图4.43为Photoshop官方RAW格式处理插件 Camera Raw处理RAW照片界面。

在整个界面里，我们可以看到照片浏览窗口以及相关参数调整菜单。在接下来的讲解中将重点介绍一些与修正照片相关的调整菜单。

图4.43 Camera Raw插件

（1）修正曝光过度

如图4.44所示，在上一节里提到过这张因白色衣服曝光过度的照片，现在以这张照片为例介绍修正曝光过度的方法。

图4.44　原片

在进入Camera Raw操作界面后，首先打开高光警告，查看过曝区域。具体方法是首先找到直方图信息区域，如图4.45所示的红色标记区域。

图4.45　直方图信息区域

用鼠标点击直方图右上角的白色三角形。在点击成功后，会看到白色三角形周围多了一个白色边框，如图4.46所示。

图4.46 点击出现白框

这个时候再看照片浏览图，会看到过曝区域显示为红色，如图4.47所示。

图4.47 过曝区域显示为红色

这些红色区域就是需要调整的区域，要做的就是让红色区域尽可能减少甚至消失。使用曝光调整选项，曝光调整选项如图4.48所示红色标记部分。

图4.48　曝光选项

具体的参数调整如图4.49所示。

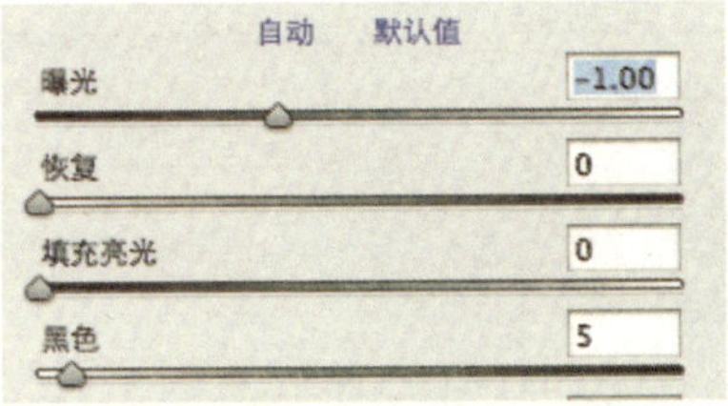

图4.49　参数调整

只是对曝光做了降一档的调整，也就是将曝光数值改为-1.00，黑色数值5是插件默认设置。

> **提示**　对于恢复和填充亮光这两项数值，一般作为微调实用，如果两种数值调整幅度过大，会使整个画面变灰，图片看上去会不真实。

经过这一简单调整，过曝的衣服显得不再过曝了，但是人物皮肤的曝光却有所不足，整个画面也缺乏鲜亮，如图4.50所示。

图4.50　调整后的效果

这个时候需要进一步调整，在操作界面的右下方打开图像，如图4.51所示。

图4.51 重新打开图像

提示 打开图像之前检查转换图像的色彩空间是否是sRGB。查看方法就是查看操作界面底部的那段蓝色参数，前四个字母是否是sRGB。

打开图像以后，我们就进入Photoshop界面，如图4.52所示。

图4.52 在Photoshop中打开图像

我们知道，为了调整过曝的白色衣服，不得不让画面整体明暗度降低。这样人物肤色曝光便有所不足。那么后期的思路就是需要专门提亮皮肤。如果仅仅是抠出皮肤单独提亮，那么整个画面就会非常不自然。因此，在这需要更精确有效的方法。这个方法就是通过Photoshoo的“计算”功能建立一个“通道”，并利用这个“通道”建立皮肤选区法，并以此来调整我们需要调整曝光的区域。

提示 “通道”在Photoshop中往往涉及一些高级运用，要想把“通道”的知识说清楚，一本书都说不完。虽然“通道”知识如此之多，但是真正对我们修正照片曝光有用的并不多，因此，没必要对“通道”知识完全掌握清楚，只需要记住本书里运用“通道”建立选区的方法即可。

在Photoshop中单击“图像”菜单中“计算”命令，如图4.53所示。

图4.53 单击“图像”菜单中“计算”命令

打开如图4.54所示的“计算”界面，进行相关设置。

将源2里的通道由“红”改为“灰色”，并选中“反相选项”，混合方式选择“正片叠底”，其余选项默认，然后点击“确定”按钮。

这样一来我们的照片就显示成了黑白色，如图4.55所示。

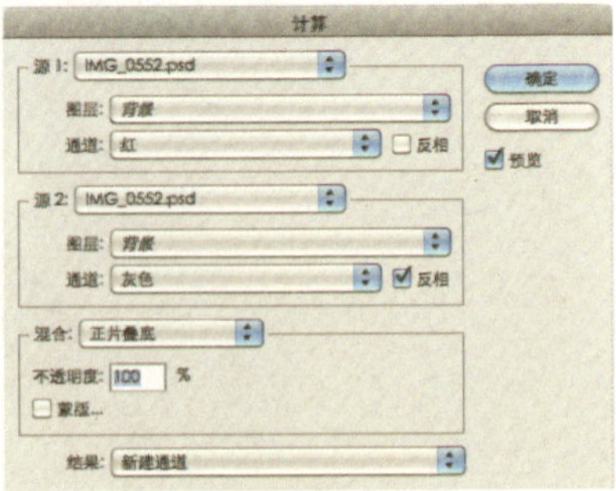

图4.54 “计算”界面

图4.55 照片显示为黑白色

其实这并非是照片成了黑白，而是在Photoshop通过“计算”计算出一个通道后，程序会默认显示这个通道，隐藏了其他通道。

提示 不管是红色通道、绿色通道和蓝色通道，又或者是计算出来的Alpha通道，它们都只能显示明暗，也就是我们看到的黑白。只有红绿蓝通道都显示在一起，才能看到彩色照片的正常颜色。

可以在通道窗口中查看到计算出来的新通道。如图4.56所示，在通道窗口里，看到在原有的红绿蓝三基色通道里多了一个Alpha 1通道，这个通道正是刚才通过计算方式得到的通道，并且只有这个通道的左边显示了“眼睛”图案。

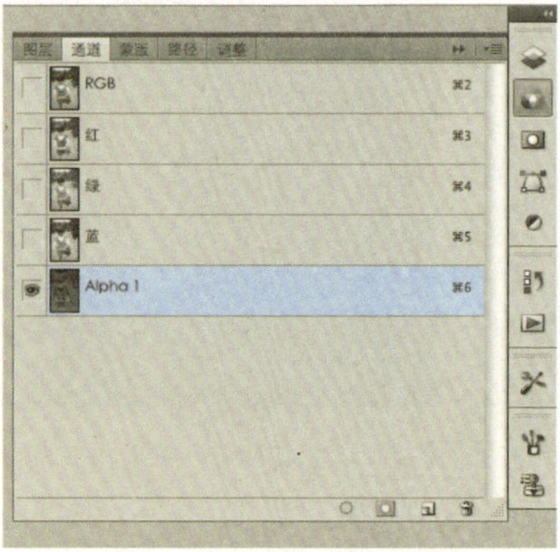

图4.56 “眼睛”图案的通道

提示 “眼睛”图案表示我们当前显示了哪些通道。如果没有眼睛，则表示当前这个通道是隐藏的。

接下来再使用一次计算功能，相关设置如图4.57所示，将混合方式设置为强光，其他选项默认，单击“确定”按钮。

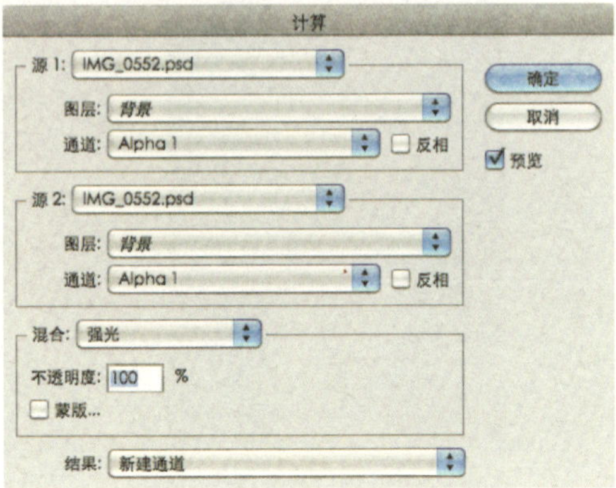

图4.57　再使用一次计算功能

这样便得到了Alpha 2通道，如图4.58所示。

可以看到，经过2次计算，通道里人物皮肤灰暗的部分变得明亮，同时，广告部分变得灰暗，如图4.59所示。

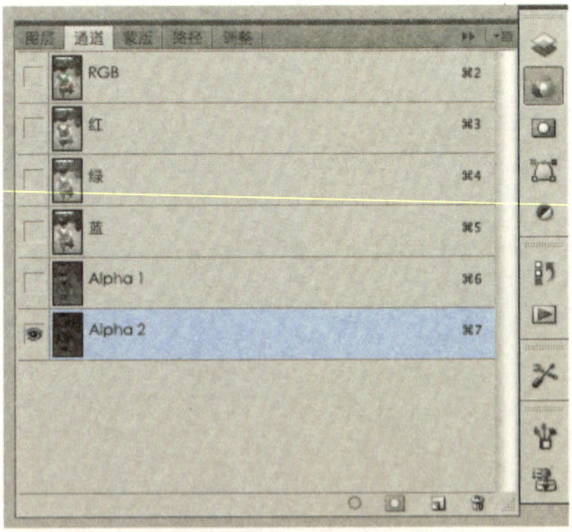

图4.58　Alpha 2通道

图4.59　人物皮肤灰暗的部分变得明亮

此时，将鼠标指针移到通道缩略图处，按住Ctrl键并点击一次缩略图，建立选区，如图4.60所示。

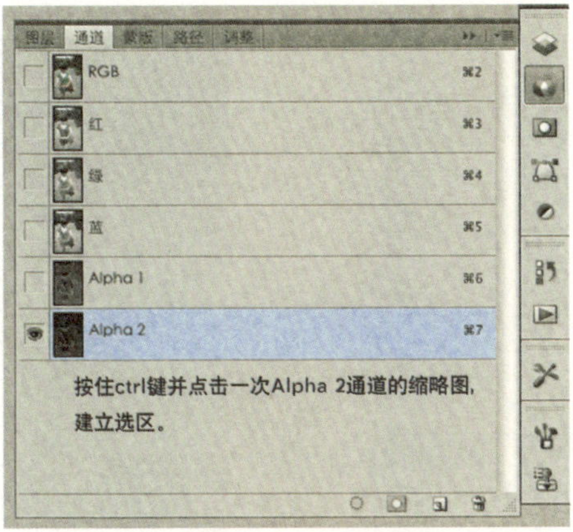

图4.60 建立选区

建立好选区以后，回到原图（直接单击RGB通道缩略图即可），然后单击“创建新的填充或调整图层”，单击“曲线”命令，如图4.61所示。

图4.61 单击曲线命令

相关的参数设置，如图4.62所示。

于是得到了最终效果，如图4.63所示。

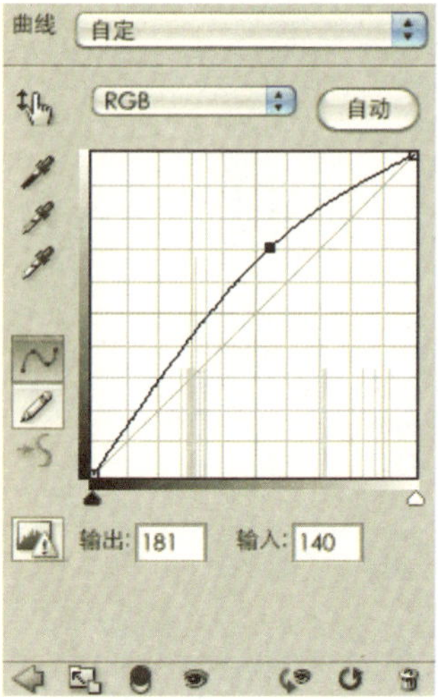

图4.62　相关参数设置

图4.63　最终效果

这个时候可以看到，经过最终调整，皮肤等灰暗的区域得到提亮，但是衣服等高光区域并没有明显提亮。这是因为之前通过计算通道的方法自动选择了皮肤等灰暗区域，屏蔽照片本身的高光区域，而且越亮的区域屏蔽程度越高。

接下来，只需要缩小到合适的尺寸，保存为JPG格式，整张照片的曝光调整就完成了。

（2）修正曝光不足

有时候拍摄照片，偶尔会曝光失误，出现曝光不足，如图4.64所示。这时同样可以使用Camera Raw进行调整。

图4.64　曝光不足的照片

在进入Camera Raw操作界面后，打开暗部警告，查看曝光不足区域。同查看高光警告的方法一样，先找到直方图信息区域，然后点击左上方黑色三角形，同样，三角形周围会多出一个白色边框，如图4.65所示。

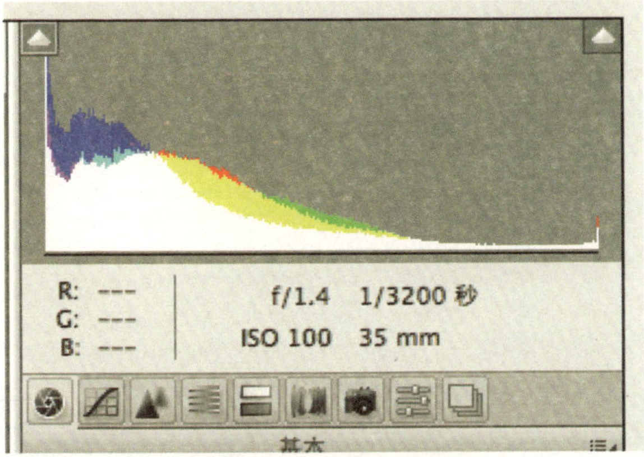

图4.65　出现白色边框

此时，在曝光不足区域显示为深蓝色，如图4.66所示。要调整的就是提亮这部分区域。

图4.66　曝光不足部分显示为深蓝色

同样使用曝光调整选项进行相关调整，如图4.67所示。将黑色数值改为1，并填充亮光24。

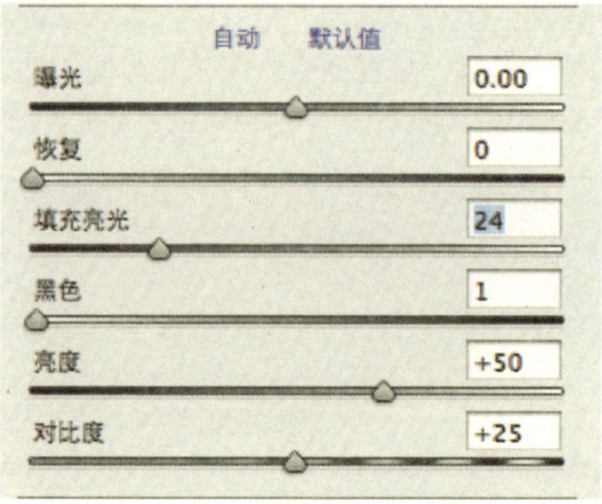

图4.67　对曝光选项进行调整

最终效果如图4.68所示，画面里的阴暗区域已经消失，整体曝光调整完全。接下来存储为相应格式的文件即可。

图4.68

第 5 章

淘宝 皇冠店赚钱秘籍：拍摄、装修、推广

唯美调色与人像精修

一张完美的真人服装样片，精准的曝光、巧妙的构图只是完成了一半。对照片进行润色加工，对模特身材进行适当修正是淘宝网拍的重要工作。要想在竞争激烈的淘宝市场分得一份羹，你的服装样片就必须具有独特的风格。而样片的色调就是样片风格的标志，因为色调最能引起人共鸣，唯美的色调总是让人印象深刻。在上一章，讲解了色彩的基础知识，在本章，着重讲解如何通过Photoshop的相关工具，调出理想的唯美色调。另外，本章还会教给大家如何修正模特的身材，增强模特的穿衣效果。

5.1 三大唯美色调后期技巧

在本节里，通过分解样片的调色步骤，提供调色思路。对于每一个调色步骤的思路都作出详细解释，希望不要死记调色参数，要理解摄影师的调色思路，知道每一步的调整都起到什么作用。要知道，这些后期技巧都是为了抛砖引玉。

5.1.1 清新素雅的风格

要实现的最终效果如图5.1所示。

图5.1 要实现的最终效果

提示：在处理一张照片的色调的时候，首先就要确定调色的思路，再根据思路使用Photoshop相关工具做出调整。

首先看这张照片整体，它属于高调子，饱和度较低，高光区域泛青，暗部偏一些红色。

了解整体调性后，我们就开始进行修饰。

❶ 打开原图，如图5.2所示。

图5.2 打开原图

看到原图整体还是偏暗了一些，需要进行提亮，如图5.3所示。

图5.3 原图偏暗

❷ 调出大致色调。创建新的填充或调整调整层，选择可选颜色，并使用“绝对模式”进行整体颜色调整。我们首先选择可选颜色里的黑色（在“颜色”旁边的选项框里点击一下就能出现可以选择的颜色），将黑色提亮。参考设置：黑色-3。得到效果如图5.4所示。

图5.4　对黑色进行调整

这时候图像暗部提亮了，继续选择可选颜色里的“白色”进行亮部调整。

需要让照片亮部泛青，看上去清新一些，但是亮部又有一些过曝，于是需要降低亮度并且使其偏向青蓝色。参考设置：青色+7，黄色–5，黑色+7，如图5.5所示。

图5.5　对白色进行调整

提示 之所以黄色-5，是根据互补色原理，黄色减少必然蓝色增加，增加黑色必然白色减少。

这下照片已经有了一定色彩倾向。但是我觉得调整亮部区域以后，中间调也有部分颜色偏了青色，这不是理想状态，于是可继续调整中间调。再在可选颜色里的“中性色”进行调整，参考设置：青色-2，洋红-2，黑色-2，如图5.6所示。

图5.6 对中性色进行调整

提示 中性色里青色-2可以不影响高光部分的青色，由于互补色原理，洋红-2可让画面整体偏绿，看上去更加清新，黑色-2可以提高中间调的亮度。

这个时候会发现人物的皮肤有些偏洋红，由于洋红色使女孩的皮肤看上去不健康，所以需要对肤色进行调整（皮肤包含红色和黄色成分）。因此我们需要在可选颜色里对黄色和红色进行相关调整。首先对黄色进行调整，参考设置：青色-25，洋红-9，黄色+2，如图5.7所示。

提示 青色的减少使红色增加，另外加强黄色，都是为了让肤色更好看。

图5.7　对黄色进行调整

这时候肤色逐渐纠正，但是还没有完成，再进行红色调整。选择红色，参考设置：青色–8，绿色–2，如图5.8所示。

图5.8　红色调整

此时，可选颜色调整完毕，整个画面的大致色调已经出来。

❸ 对色调进行微调。创建新的填充或调整调整层，选择可选颜色，使用“相对模式”进行微调。

从调整肤色开始，选择红色，参考设置：青色+4，洋红–6，黄色–6，如图5.9所示。

图5.9 选择红色

> **提示** 由于调整过后，皮肤里的红色和黄色过了一些，肤色还应该更嫩一点，于是增加了青色，减少了洋红和黄色。

紧接着选择黄色，参考设置：青色-21，洋红-6，如图5.10所示。

图5.10 选择黄色

提示 这一步增加皮肤黄色成分里的红色和绿色。经过一系列的调整后，皮肤略带健康的橘色。

接下来就是调整树叶的颜色。因为整体风格需要清新，并且天空等亮部已经调整成为泛青，为了衬托青色，对处于中间色调的绿色树叶进行调整。选择绿色，参考设置：青色–55，洋红–14，黑色–13，如图5.11所示。

图5.11　调整绿色

这个时候检查画面，发现模特背着的洋红色包颜色很突兀。需要降低它的色彩。接着打开洋红，参考配置：青色+61，洋红–41，黄色–14，黑色–4，如图5.12所示。

提示 增加青色可以消去洋红里的红色成分，减少洋红可以直接降低洋红色的纯度，减少洋红里的黑色，可以提高洋红的明度，使其变淡。这一效果也可以在调整色相饱和度时，减少洋红饱和度、提高明度达到。

4 提高照片对比度。由于照片对比度不高，创建新的填充或调整调整层，选择“曲线”来进行调整。相关调整如图5.13所示。

图5.12 调整洋红色

图5.13 通过曲线调整对比度

提示 使用曲线调整对比度，只需要把曲线拉成正“S”型即可，如果拉成反“S”型，则照片对比度减低，并且“S”的幅度越大，对比度的数值调整越大。对于曲线操作不熟悉的读者，可以创建新的填充或调整调整层，使用明度/对比度直接增加或减少相应参数修改。

5 此时，照片的饱和度比较高，因此需要降低饱和度使整个画面变得轻柔起来。创建新的填充或调整调整层，选择“自然饱和度”，参考设置：自然饱和度-10，如图5.14所示。

图5.14　调整自然饱和度

至此，清新素雅的风格调整完毕。总结一下调色步骤：首先，大致调出照片的整体风格，然后再对色调进行细微调整，最后修改对比度与饱和度达成想要的效果。

5.1.2　充满唯美童话色彩的风格

本例要实现的童话色彩风格效果，如图5.15所示。

这类风格的色调非常特别，调子也是清新明快，饱和度高，风格靓丽，充满童话色调。它的调色步骤也会繁琐一些。

图5.15 童话色彩风格效果图

❶ 打开原图，如图5.16所示。可以看到，原图比较清淡，属于高调照片，饱和度不高，白平衡准确，不偏向于任何色调。总的说来，这张照片没有任何问题，只是色调平淡，不能深入人心，因此我们需要进行润色。

图5.16 原图

❷ 调出大致色调。创建新的填充或调整调整层，同样使用可选颜色来进行色调的大致调整。可选颜色设置为“绝对”模式，由于画面有大量过白区域，先选择白色进行调整，参考参数：青色+2，洋红-1，黄色-3，黑色+6，如图5.17所示。

图5.17　调整白色

提示 绝对模式下，将白色里的黑色增加能明显压低高光。增加青色，减少洋红和黄色，让高光区域偏向青蓝色。

紧接着，对暗部进行调整，使其与亮部的青蓝色形成对比，选择黑色进行调整，参考设置：青色-2，洋红+1，黑色+1，如图5.18所示。

图5.18　调整黑色

通过这一步，让模特的头发带上了一些红色，并且通过增加黑色里的黑色成分加深头发颜色。

然后再调整肤色。由于下午阳光照在人皮肤上会显得偏黄偏洋红，所以需要对模特皮肤进行调整。由于人物皮肤中，洋红成分较多，首先对红色进行调整。参考设置：青色-5，洋红-10，如图5.19所示。

图5.19 调整红色

> **提示** 减少相对较多的洋红可以让皮肤看上去嫩一些，减少相对少的青色让肤色看上去红润一点。

此时希望肤色再红润一点，于是调整黄色，参考设置：青色-6， 如图5-20所示。

图5-20 调整黄色

③ 添加照片滤镜使画面更加清新。创建新的填充或调整调整层，选择照片滤镜，参考设置：滤镜选择“绿”，浓度设置为16%，如图5-21所示。

图5.21　选择照片滤镜

经过这一步以后，画面的颜色开始慢慢变得靓丽清新起来。但是画面的整体色彩还是不够浓郁，因此需要进一步调整。

④ 进一步微调色调。创建新的填充或调整调整层，选择可选颜色，模式选择“相对”。首先对肤色进行微调。选择红色，参考设置：青色-53，洋红-18，黑色+12，如图5.22所示。

图5.22　对肤色进行调整

提示

减少青色与洋红让红色与绿色相对增加，但是因为红色增加量大于绿色，所以我们的肤色不会出现病态的绿色，反而会出现清新的橘色。增加黑色让整个肤色的不至于太亮。

此时发现亮部色调还不是很泛青，于是选择白色进行调整，参考设置：青色+46，洋红+6，黄色-9，如图5.23所示。

提示 大量增加青色是本步骤的关键，洋红和黄色属于酌情调整。

图5.23 调整白色

5 使人物在画面中更加突出。可以发现，整张照片背景与人物的饱和度基本一致，这样一来人和景融为一体，不够突出，因为我们需要为人物追加饱和度。创建新的填充或调整调整层，选择色相/饱和度。我们先追加红色的饱和度，参考设置：饱和度+15，如图5.24所示。

图5.24 追加红色的饱和度

然后再追加黄色饱和度，参考设置：饱和度+9，如图5.25所示。

图5.25　追加黄色饱和度

经过这两步调整，人物的饱和度比背景的饱和度提高了，人物也更加突出。

提示 根据色彩心理学原理，我们肉眼总是会关注饱和度较高的物体。这也是为什么要增加人物饱和度的理论依据。但是增加饱和度的时候要控制住自己的欲望，不能增加太过以至于失真。

❻ 合并所有图层。首先选择所有图层缩略图，如图5.26所示。

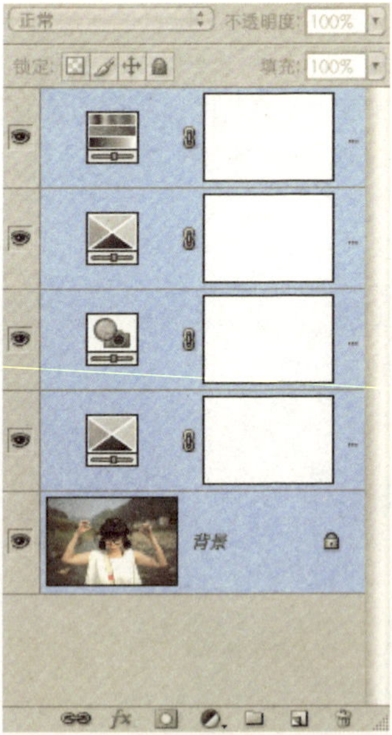

图5.26　选择所有图层缩略图

提示 单击背景图层缩略图选中背景图层后，按住Shift键点击最上面的图层，就可以将所有图层都选取。运用快捷键Ctrl+E将所有图层合并。

❼ 使用Lab模式为照片润色。将照片转换为Lab模式。通过“图像”选项，选择模式，找到Lab模式，然后点

击进行转换，如图5.27所示。

8 进入Lab模式以后，在“图像”菜单中单击“应用图像”命令，如图5.28所示。

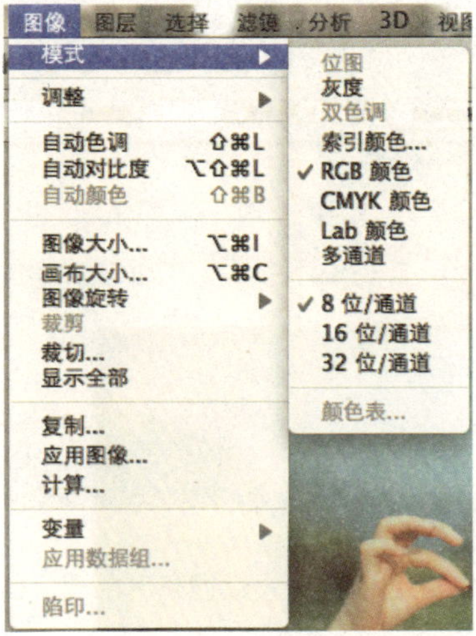

图5.27 模式转换

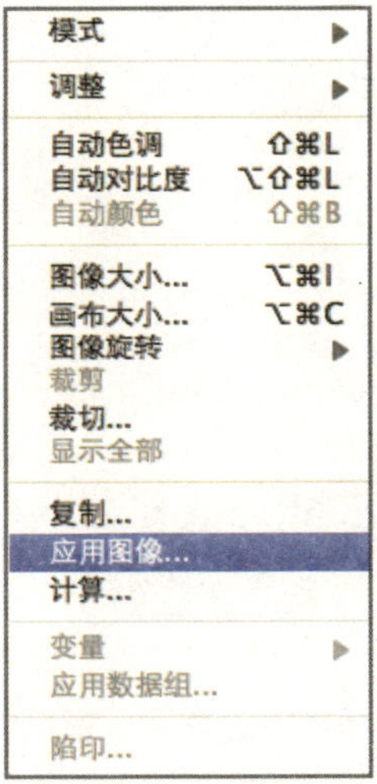

图5.28 单击“应用图像”命令

选择“应用图像”命令，对a、b通道进行叠加。首先叠加b通道，参考设置：混合模式使用柔光，不透明度40%，然后单击“确定”按钮，如图5.29所示。

接着再“应用图像”一次，叠加a通道，参考设置：混合模式使用柔光，不透明度15%。然后单击“确定”按钮，如图5.30所示。

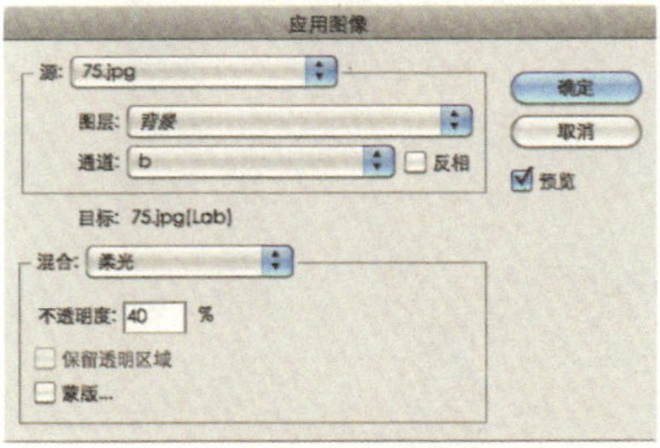

图5.29 叠加b通道

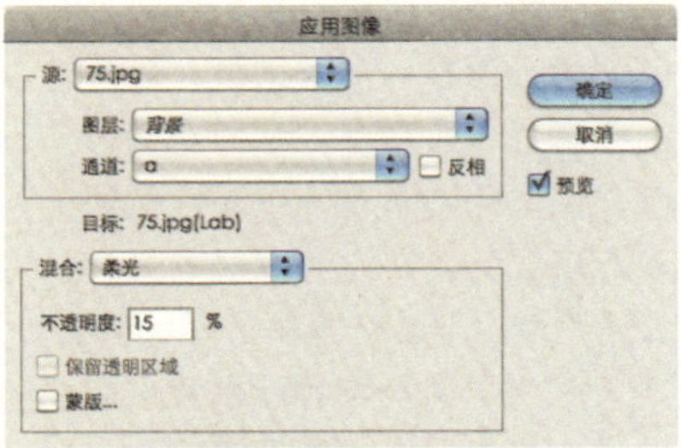

图5.30 叠加a通道

经过对a、b通道的叠加，我们便得到了最终图像，如图5.31所示。

提示

如果要保存为JPG格式的照片，别忘将Lab模式转换回RGB模式，方法与RGB转换成Lab一样。

图5.31　最终风格

回顾唯美童话色彩风格的调色步骤，我们首先大致调整出色调，然后单独提高饱和度以使人物从背景中突出出来。然后依靠Lab模式对a、b通道叠加提高照片饱和度来达到特殊色调的效果。

5.1.3　胶片风格

在数码相机时代，人们反而喜欢过去胶片的色彩。很多后期修图师的调色依据也是根据胶片色调进行调整。一般来说，胶片的色彩有一些特点：画面有颗粒感，整体色调清淡，以暖色调居多，暗部泛青，没有明显高光，极个别情况下会有暗角出现。

胶片的这些特性就是我们后期调色的依据。本例要实现的效果如图5.32所示。

图5.32　胶片风格的照片

❶ 打开原图，如图5.33所示。

图5.33 原图

原片曝光正确，饱和度中等，整个画面略偏洋红，暖意不足。

❷ 调出大致色调。创建新的填充或调整图层，选择可选颜色，绝对模式，选择白色进行调整，参考设置：青色−1，黄色+2，黑色+9，如图5.34所示。

图5.34 调整白色

本步骤主要是为了降低高光，所以增加了黑色数值，减少青色。

接着选择黑色调整，参考设置：青色+19，洋红+8，黄色+，黑色-16，如图5.35所示。

提示：这一步主要是减弱阴影，所以减去黑色，增加相对较多的青色以及增加相对较少的洋红与黄色使暗部略带青绿色。

图5.35　调整黑色

然后选择中性色调整，参考设置：青色+4，洋红+3，黄色+11，如图5.36所示。

提示：由于中性色包涵一部分高光区域和一部分暗部区域，因此我们增加相对较少的青色与洋红，使暗部青蓝色增加一部分，增加相对较多的黄色可以使画面总体更倾向于暖色调。

图5.36　调整中性色

经过这一步调整，我们的总体色调开始变暖色。

紧接着选择红色对肤色进行调整，参考设置：青色−14，洋红−18，如图5.37所示。

提示 洋红色减少量相对较多，青色减少量相对较少，所以我们的肤色会更倾向于嫩黄。

图5.37 肤色调整

继续调整黄色，参考设置：青色−15，洋红+4，如图5.38所示。

提示 减少青色能让肤色更红润一些，对洋红的增加是为了修正一下过于嫩黄的肤色。这些全凭个人喜好，如果喜欢肤色嫩黄一些的，那么就继续减少洋红，而不是增加洋红。

图5.38 调整黄色

③ 对总体色调进一步微调。创建新的填充或调整图层，选择可

选颜色，使用相对模式进行微调。首先调整人物皮肤，我们选择红色，参考设置：青色-32，洋红-10，如图5.39所示。

提示：减少相对较多的青色，减少相对较少的洋红，由于是使用相对模式微调，所以这一步骤并不会完全改变皮肤总体嫩黄的色调，只是相对增加皮肤红润。

图5.39　调整人物皮肤

这一步骤让肤色看上去红润一些。

接着选择黄色进一步润饰皮肤，参考设置：青色-32，洋红-14，如图5.40所示。

图5.40　皮肤润饰

现在肤色调整已经差不多完成，还需要对整体色调再调整一下，选择白色，参考设置：青色+30，洋红-10，黄色+6，如图5.41所示。

提示 青色相对增多，洋红相对减少，黄色少量增加，使整个画面看上去暖色感觉更强烈。

图5.41　调整白色

最后调整黑色，参考设置：青色-1，洋红-2，黄色-2，如图5.42所示。

提示 这次微调是因为暗部青色多了一些，于是减去青色，为了让暗部绿色增加一些，于是减少了洋红，减少黄色可以使暗部增加少量蓝色。读者在今后的后期调色中，可以凭个人喜好对暗部进行调整。

图5.42　调整黑色

④ 加强暖色调。创建新的填充或调整图层，选择照片滤镜，如图5.43所示。

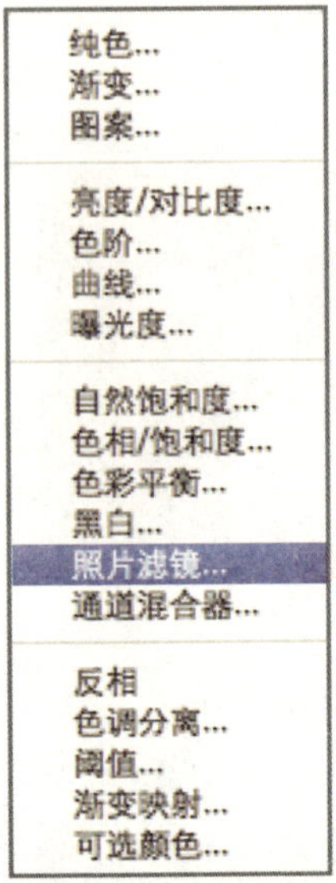

图5.43　选择照片滤镜

在滤镜中选择加温滤镜（81），如图5.44所示。

图5.44　选择加温滤镜

并将浓度设置为7%，如图5.45所示。

图5.45 将浓度设置为7%

提示 加温滤镜的浓度可看个人喜好。如果需要再暖色一点，就增加浓度。

5 增强对比度，创建新的填充或调整图层，选择曲线。参考设置如图5.46所示。

图5.46 选择曲线

❻ 为照片增加颗粒感。

首先，使用盖印图层命令，默认快捷键Ctrl+Alt+Shift+E。使用盖印图层命令后，Photoshop会新建一个经过调色后的照片图层，如图5.47所示。

图5.47　新建一个图层

接着在“滤镜”菜单中找到杂色，选择“添加杂色”，如图5.48所示。

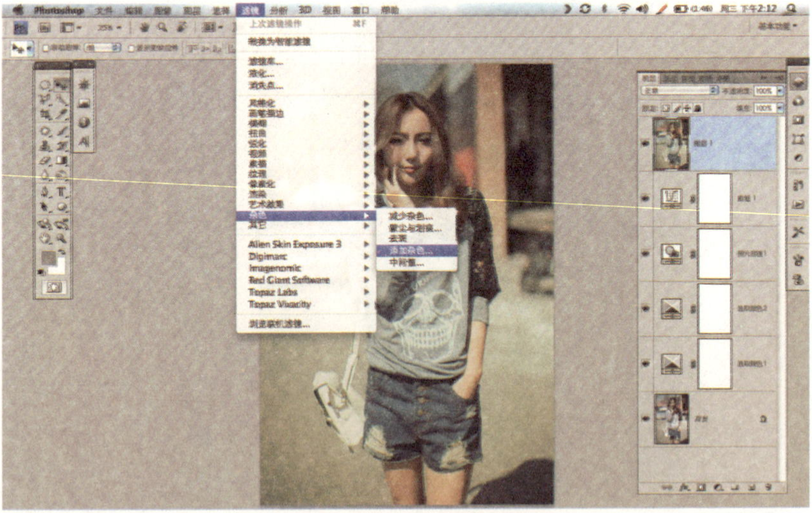

图5.48　选择“添加杂色”命令

参考设置：数量3%，高斯分布，选中“单色”复选项，如图5.49所示。

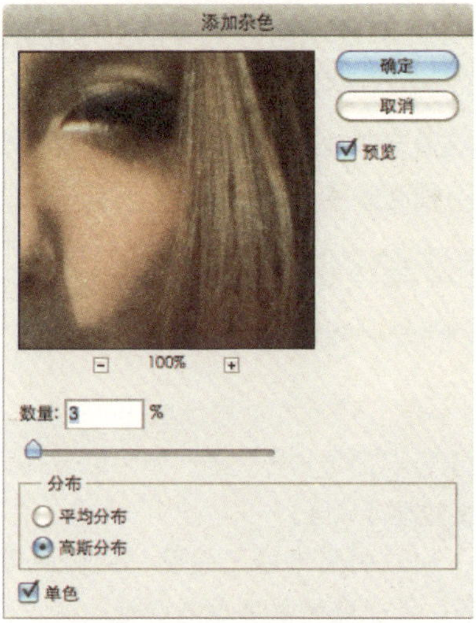

图5.49 选中“单色”复选项

提示 在添加杂色的参数设置中，“数量”越多照片颗粒感越强，颗粒感重与轻完全凭个人喜欢；高斯分布更接近于胶片颗粒的分布；由于胶片颗粒不等同于数码相机CCD/CMOS产生的噪点里的杂色，所以我们添加杂色的时候要选中“单色”复选项。

接着合并图层，调色后期结束，如图5.50所示。

图5.50 合并图层

回顾胶片风格的调色步骤，首先大致调整出色调，然后通过加温滤镜增强乱色调，并对对比度做出调整，最后通过滤镜——添加杂色为照片增加颗粒感。

5.2 人像精修

如果模特有着良好的身材，那么展示服装的时候会非常养眼，同时也能刺激买家的购买欲。但是事实却是：拥有完美身材的模特似乎只在照片里出现，现实生活中很难找到。在这里，我们可以利用Photoshop帮助我们修出完美的身材。

5.2.1 修正手臂

很多夏季服装都会露肩，如果模特不是特别瘦，那么照片拍下来胳膊就会显得比实际粗一些，因此需要对手臂进行减肥。

看到模特的手臂其实并不粗，但是由于弯曲了胳膊，肌肉收缩致使胳膊看上去有些粗，如图5.51所示。因此胳膊是后期需要修改的地方。

图5.51 要调整的图

打开图像，单击“滤镜”菜单中的“液化”命令，如图5.52所示。

图5.52 单击“液化”命令

进入液化滤镜后，会看到如图5.53所示的界面。

图5.53 “液化”界面

在界面左侧会看到一排工具栏，如图5.54所示。

选择第一个——向前变形工具，也就是手指挤压的那个图标。这个时候注意到，在浏览区域，鼠标指针变成了一个圆框，这个圆框就是使用向前变形工具修改照片时的画笔。

由于需要修改胳膊，需要将画笔的大小设置到能圈住胳膊，画笔的参考设置：画笔大小：945，画笔密度：50，画笔压力：60，如图5.55所示。

图5.54　“液化”工具栏

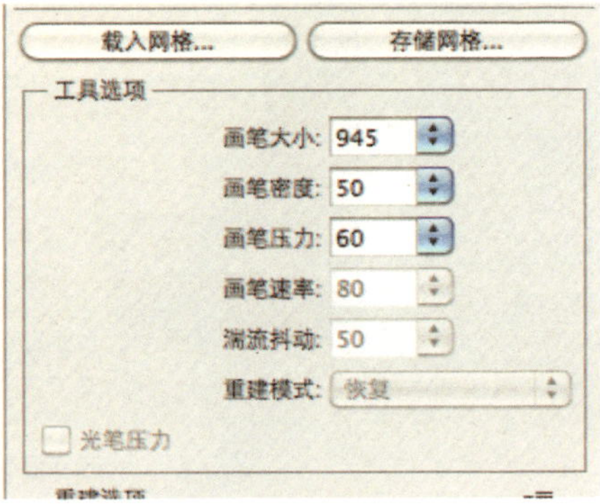

图5.55　参数设置

如图5.56所示，画笔的大小基本能包住模特大半胳膊即可。

图5.56　画笔大小的把握

接着使用向前变形工具修正胳膊，将画笔的圆心放在图示的箭头尖附近，按住鼠标左键不放，按照箭头标示的方向慢慢推移，如图5.57所示。

图5.57 按箭头方向推移

对于新手而言，推移的时候不要贪多，一点一点尝试，如果发现推移过多了，可以使用快捷键Ctrl+Alt+Z撤销。

提示 修正胳膊有一个原则，就是不能违背人体身体结构常识。也就是说，不能将原有的肌肉修掉，完全修成一条直溜溜的“竿子”，比如照片中模特三角肌凸起的小弧度不能修掉。

如果在修改手臂的过程中，画笔范围过大，会把肘部也影响到了，如图5.58所示。

图5.58 不要影响到肘部

这个时候选择左侧工具栏里的第二个工具——重建工具，如图5.59所示。用一个笔刷刷去一些粉末的图标就是重建工具。

图5.59 选择“重建工具”

选择重建工具后，缩小画笔到合适尺寸，将画笔移动到需要重建的地方，按住鼠标左键，擦除不需要修改的部位即可，如图5.60所示。

图5.60 擦除不需要修改的部位

经过一系列向前变形工具修改，得到最终照片，如图5.61所示。

提示

对于初次使用液化功能修正身形的朋友，一次不能贪多，要一点点尝试，一旦修过了要及时撤销修改，不要抱着勉强的态度接着修改。

图5.61 最终效果

5.2.2 修正身体曲线

对于一些修身类型的服装，尽管现实生活中看上去已经将身形修正得足够好，但是拍成照片后，对身材的修正程度还是不足。如果这样的服装片直接上架，很难激起买家购买欲。因此需要通过后期修正，更好地展示服装的特性。

如图5.62所示的这件绿色衣服有修身的效果，将模特的曲线展示了出来，尽管现实生活中这样的效果足够好了，但是对于照片而言，这样还是太过平凡，因此需要通过液化来修正模特的腰部曲线。

首先打开照片，单击“滤镜”菜单，选择“液化”命令，进入如图5.63所示的界面。

依然选择向前变形工具，将画笔大小更改到能圈住腰部。参考设置：画笔大小：1035，画笔密度：50，画笔压力：60，如图5.64所示。

图5.62

为了体现衣服的紧身，模特的三围都是需要修改的地方，如图5.65所示，将画笔的圆心放在各个箭头针尖，按照箭头指针方向慢慢推移。

图5.63　液化界面

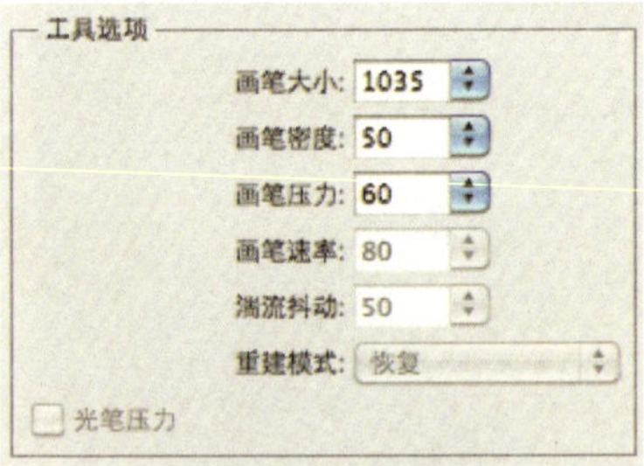

图5.64　参数设置

图5.65　修改三围

修正身体曲线必须注意人体结构，因此，必须注意以下三点：

1）模特胸部旁边的箭头向左推移，是为了让衣服看上去更紧身，修改的时候只修衣服，不能破坏胸型。

2）模特腰部的两条箭头向内收是为了细腰，而且必须在原有的腰部曲线基础上向内收，不能将腰围和臀围一起收小。

3）模特臀部的两条箭头向外伸展，是为了增加臀围，但是必须找准盆骨最宽的两头，否则会修失真。

经过修改，发现照片右下方的背景也被推移了，如图5.66所示。

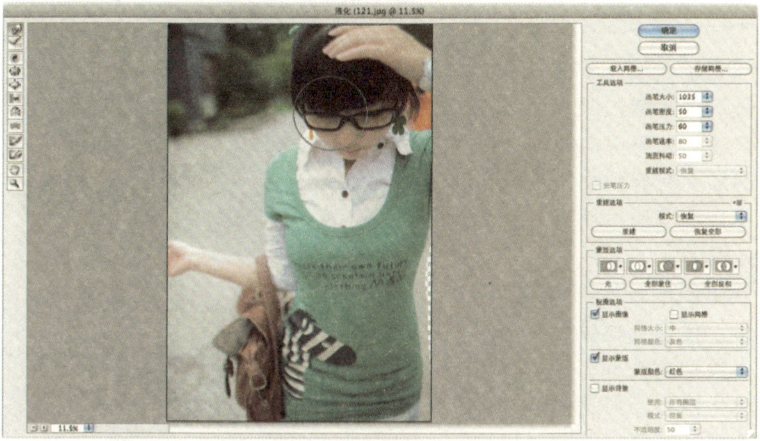

图5.66　背景被推移了

这个时候同样使用重建工具，将画笔调整到合适大小进行撤销操作。

重建工具参考设置：画笔大小：271，画笔压力：60，画笔速率：80，如图5.67所示。

经过修改，得到最终照片，如图5.68所示。

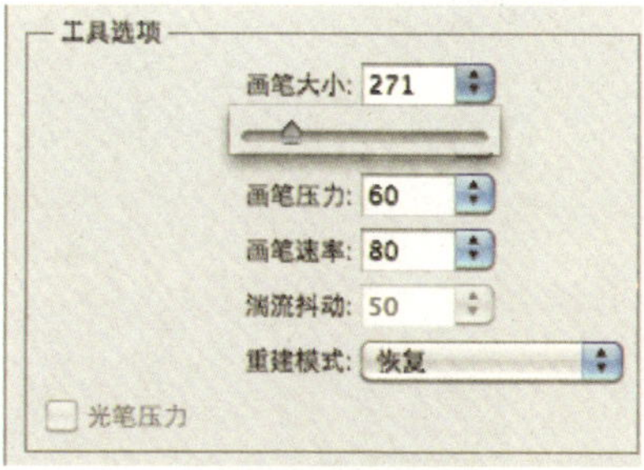

图5.67　参数设置

图5.68　最终效果

5.2.3 修出修长美腿

图5.69

亚洲的女孩相对于欧美女孩，小腿普遍较短，虽然高跟鞋可以在一定程度延长腿部线条，使其看上去更加修长。但是就拍照片而言，仅仅这样是不够的，因为照片必须要有好的视觉效果，因此还需要通过后期进一步完善照片。

如图5.69所示的这张照片，模特身材没有任何问题，腿型也笔直，不需要再做液化修正。但是为了达到最佳视觉效果，需要对模特的腿进行后期完善。

打开如图5.70所示的照片。

图5.70

选择矩形选框工具，如图5.71所示。

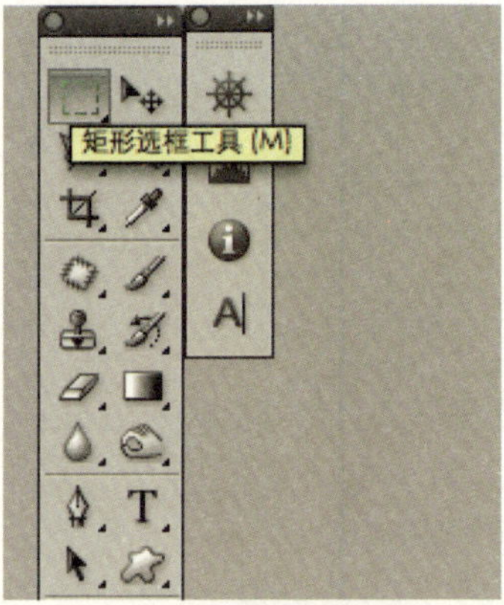

图5.71 选择矩形选框工具

用矩形选框工具选取模特膝盖下方的区域，如图5.72所示。

图5.72 选取模特膝盖下方的区域

复制所选择区域，使用默认快捷键Ctrl+J，这样我们就获得了复制图层——图层1，如图5.73所示。

接着对图层1使用变形命令，使用默认快捷键Ctrl+Alt+T，此时出现变形选框，该选框共有8个锚点，分别在选框四个边角以及各个边中点，如图5.74中红色圆圈标记处。

图5.73　复制图层1

图5.74　8个锚点

选择底边的中心锚点，按住鼠标左键然后向下拉伸到合适位置，如图5.75所示。

图5.75　拉伸到合适位置

看到模特的腿被拉长了，接下来按Enter键确定，得到如图5.76所示效果。

图5.76 拉伸效果

虽然已经将模特双腿拉长，但是同时也将模特双脚拉长导致变形，需要使用液化功能进行修正。

进入液化滤镜，选择向前变形工具，设置画笔大小，使其能圈住模特的脚，如图5.77所示。

图5.77 设置画笔大小

需要把被拉长的双脚修复回去，因此将笔刷从下往上推，如图5.78所示。

图5.78 笔刷从下往上推

分别从脚尖和脚跟向上推移。液化完成后，得到最终效果如图5.79所示。

图5.79 最终效果

5.3 皮肤美化

在拍摄的时候，模特皮肤往往会不可避免地出现一些瑕疵，例如青春痘、眼袋之类的。如果这些皮肤瑕疵不修正过来，那么买家在观看服装样片的时候就会将注意力分散到它们上面，这会影响样片效果，如图5.80所示。需要使用Photoshop进行调整。

图5.80 需要调整的照片

5.3.1 消除皮肤上的顽固痘痘

先打开照片，将其放大以方便观察模特的脸部，如图5.81所示。

图5.81 打开照片

选择污点修复画笔工具，如图5.82所示。

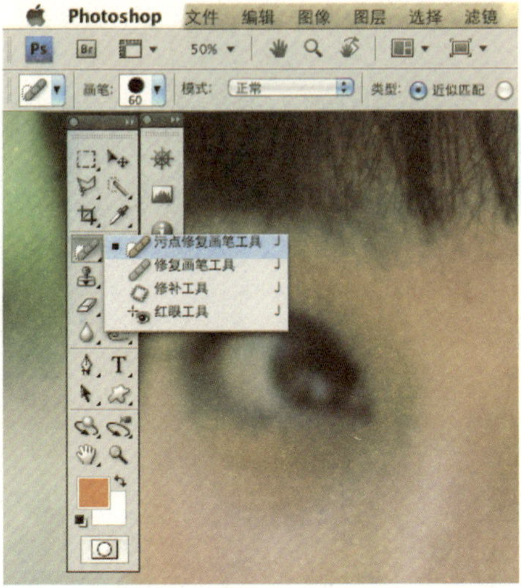

图5.82　选择“污点修复画笔工具”

单击鼠标右键，设置画笔直径，使画笔能够盖掉需要消除的痘痘，如图5.83所示。

然后将画笔移动到每一个痘痘处，单击鼠标左键，Photoshop便会自动消除痘痘。

最终得到如图5.84所示的效果。

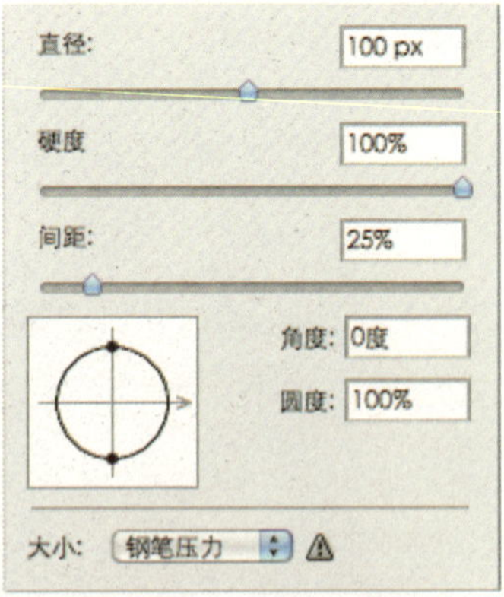

图5.83　设置画笔直径

图5.84　最终效果

5.3.2 消除眼袋及黑眼圈

眼袋及黑眼圈时刻困扰着模特，利用Photoshop软件可以轻松消灭它们。但是，必须有人类面部的常识，需要分辨出什么是眼袋，什么是黑眼圈，什么是下眼皮，如果误修了下眼皮，会让人物面目全非。

已经消去了模特脸上的痘痘，但是模特还略带了一些黑眼圈及眼袋，需要使用仿制图章工具加以消灭。

选择仿制图章工具后，将流量设置成为14%左右，其余设置默认，如图5.85所示。

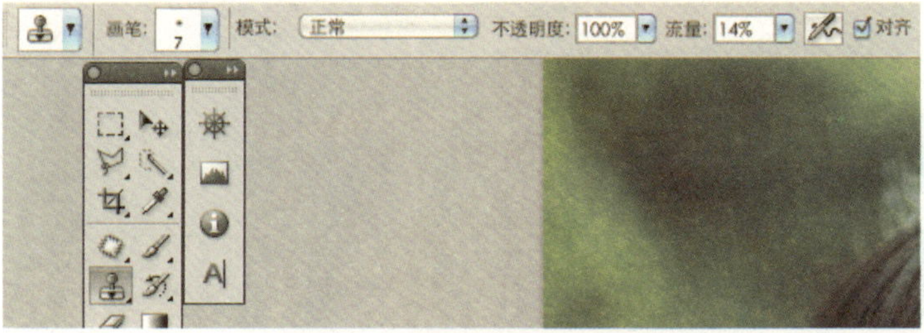

图5.85 将流量设置为14%

接着按住Alt键，在眼袋及黑眼圈周边的正常皮肤处点击鼠标左键取样，取样完成后再在眼袋及黑眼圈上按住鼠标左键不放，来回涂抹，直至眼袋和黑眼圈消失，得到最终照片效果如图5.86所示。

图5.86 最终效果

5.4 修改照片尺寸大小

由于淘宝网对卖家上传照片的尺寸做了限制，因此需要将照片尺寸进行修改。

在Photoshop中，要想修改照片大小，需要在图像菜单中，单击“图像大小”命令进行修改，如图5.87所示。

进入“图像大小”的操作界面，如图5.88所示。

选中“缩放样式”、“约束比例”以及“重定图像像素”选项。

更改“像素大小”里的宽度或者高度数值，相对应的高度或者宽度数值就会自动按原有比例更改。

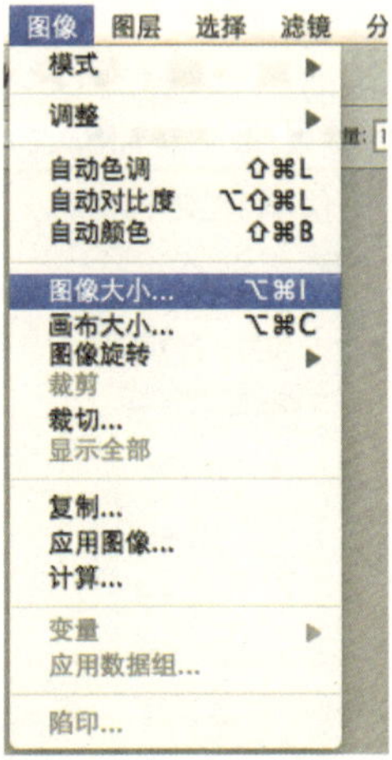

图5.87 单击“图像大小”命令

提示 在菜单底部有一个图像大小更改模式，点击后会出现五个选项，如图8.89所示。它们分别是邻近（保留硬边缘），两次线性，两次立方（适用于平滑渐变），两次立方较平滑（适用于扩大），两次立方较锐利（适用于缩小）。

通常情况下，淘宝样片都是缩小照片尺寸，因此为了得到最佳缩放效果，使用两次立方较锐利（适用于缩小）。

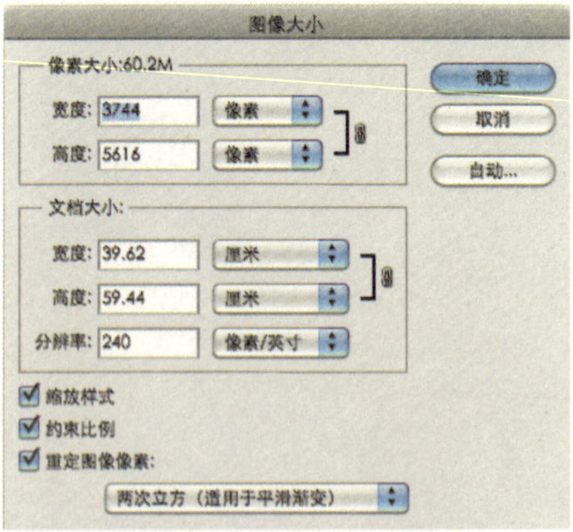

图5.88 “图像大小”界面

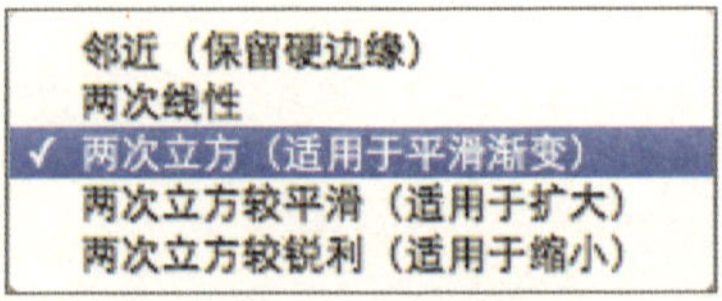

图5.89 五个常用选项

> **提示** 有些时候网站不仅对照片的分辨率做了限制，还对所占存储空间大小做了限制，比如小于200kb。很多时候照片分辨率达到了要求，但是图片所占存储空间大小却还是超过了网站要求，这个时候该怎么办呢？只需要在照片保存的时候降低照片品质即可，一般设置为8左右即可。

5.5 为照片加上文字和水印

淘宝中不少卖家盗用他人辛苦拍摄的照片。为了保护知识产权，需要在照片里加上文字和水印。这时可以利用Photoshop对照片添加文字和水印。

某日系潮店的店长在他们的网店里，就给自己商品照片里加上了Logo，如图5.90所示。

图5.90 为照片加上Logo

如图5.91所示的这张照片没有任何文字标记，很容易被人盗用。下面介绍为照片添加Logo的方法。

打开照片，在Photoshop的左侧目录栏中找到横排文字工具，点击相应图标，如图5.92所示。

图5.91　没有Logo的照片

图5.92　选择横排文字工具

接着将鼠标指针移动到需要输入文字的区域，单击鼠标左键开始输入文字，如图5.93所示。

图5.93　在文字区域内输入文字

这个时候，可以在Photoshop上方的字体设置栏目里设置字体参数，如图5.94所示。

图5.94　设置字体参数

主要设置字体样式、字体大小以及字体边缘是犀利还是平滑。

当我们输入好文字后，使用默认快捷键Ctrl+Enter完成输入。

提示

如果需要再次调整文字位置，可以选择移动工具，将文字进行拖动，如图5.95所示。

图5.95 拖动文字

如果需要改变文字大小，还可以使用拉伸变形命令。在选择文字图层的情况下使用默认快捷键Ctrl+Alt+T，然后选择一个锚点，拉伸缩小即可，如图5.96所示。

图5.96 选择一个锚点

提示 如果需要将字体等比例缩放，则选择边角上的锚点，按住Shift键进行缩放。

第6章

店铺装修与美化

经过前面的章节，已经知道淘宝网拍需要购置的器材，以及具体的拍摄方法。当捧着一张张精美的样片时，是不是想马上上架，然后招揽生意，并且实现网店营利，日进斗金？可是在上架商品之前还有一些必须要做的工作。这就是店铺装修，店铺装修让你的店铺更加完美，让商品呈现给卖家的方式更妥当。店铺装修体现着一个店长对网店的投入与用心，如果你的店铺装修用心在打理，前来造访的买家是会感觉得到的。如果买家能体会到你的用心和真诚，对你店铺的好感度也会倍增。在本章，将介绍店铺装修与美化的实用技术。

6.1 店铺装修的基本内容

在过去，淘宝网店分为两种，一种是旺铺，一种是普通店铺。而最近淘宝在旺铺上又划分了标准版旺铺和创业扶植版旺铺。旺铺的装修相对于普通店铺的装修要复杂一些，但是所装修的基本内容是一致的。因此，在装修店铺之前，需要了解一下店铺装修都有哪些基本内容。

> **提示** 标准旺铺和创业版旺铺的功能差别是创业版模板不能自定义。因此，若想真正在淘宝上作一番事业，将自己的普通店铺升级成为旺铺是必不可少的。

店铺装修的基本内容如下：

6.1.1 店招装修

店招大小在100K以内，建议规格为950×150。对于店招的装修，一定要先从整个店铺的风格考虑，包括主题色，是经营什么产品等因素，才能定好店招要制作成什么风格。

对于某韩系休闲服饰网店的店招，店长给店招的主色调定义为大红，店铺名称使用简约的大体字，如图6.1所示。

图6.1　将色调定义为大红

6.1.2 宝贝分类装修

宝贝分类可以方便买家找到自己想要的商品，它在店铺装修中也是重要环节。分类的图片底色和自己选的页面模板要协调起来，最好选用同一个色系的。

一家日系潮店的店长按照更新日期对美衣进行了分类，如图6.2所示。

图6.2　宝贝分类装修

6.1.3　促销模板装修

这个版块是需要详细规划的，因此在装修之前最好先用草稿纸或者网站策划工具画大体的促销版块，分为多少个主题区，比如热销商品区、新品区、打折区等。

如图6.3所示为专门代购正品英伦服饰的网店全球时尚购GOGO的促销模板，店长“亲爱的廖廖”在这一板块设置了热卖宝贝，将自己的主打商品展示了出来。

图6.3　促销模板装修

提示

促销模板里一定要将店铺的主打和最得意的产品凸显出来。

6.1.4 广告栏、公告栏等侧边栏的装修

在店铺里，广告栏和公告栏等侧边栏可以向卖家公布店铺的最新动态、用户需知等消息。不过，现在公告栏和广告栏没有当初那样被卖家重视了，取而代之的是一些用户个性装修，例如客服联系方式或者一些图片联播窗口。

如图6.4 所示为某韩系休闲服饰网店在自己店铺的右侧边装修了客服联系栏，方便卖家选择联系客服。

图6.4 侧边栏的装修

6.1.5 自定义模块装修

这个功能可以给淘宝卖家无限的想象空间，卖家可以发挥天马行空的想象力去装修。

如图6.5所示，日系潮店在自己店铺里自定义了一个广告模块，向买家表达了店铺的理念和口号。

图6.5 自定义模块装修

6.2 使用淘宝Banner Maker装修店铺

在过去，如果要装修店铺，最重要的就是要收集各种素材，将它们组合成自己想要的图形、图标。这不仅需要精通Photoshop，还要熟悉html代码。这样就导致装修门槛很高，新手卖家往往不知道所措。不过好在淘宝越来越重视新手卖家了，淘宝推出的Banner Maker是一个不错的应用，让店铺装修工作变得简单，卖家终于可以很轻松地制作出理想的图形图标。

6.2.1 什么是Banner Maker

Banner Maker 创新于 2008 年初，以独特的思路与产品构思，立足于淘宝网络购物和阿里巴巴广告产品营销系统。在这里，Banner Maker 聚集了上千名专业设计师，每天都有设计师精心打造的精美作品，涵盖图文、类目、收藏、贺卡等。

面对总是缺乏新意的广告牌设计，你是否曾幻想着有一天从一个平凡人蜕变成设计大师？Banner Maker的诞生无疑为众多平凡人铺就了一条蜕变的捷径——站在设计大师的肩膀上完成自己的作品。这样史无前例的创举，在这里，可以轻松成就。 Banner Maker 是一个网络广告牌在线即时生成工具，无需任何设计经验，即可以使用大量精致动画模版。Banner Maker为用户提供了易于使用的编辑工具，通过选择和新建模板，利用大量效果、字体、图案等获得创意，全新的广告生成概念将助用户快速生成完美绝仑的动画广告牌以及各种自定义的广告牌。对用户来说，Banner Maker既是一份十项全能的“商务套餐”——各种功能配套齐全，又是一道超级美味的“自助大餐”——一切功能随用户所需自由搭配。

Banner Maker主页地址：http://banner.alimama.com，如图6.6所示为Banner Maker主页。

图6.6　Banner Maker主页

6.2.2　Banner Maker能做什么?

除了可以设计出美妙绝仑的广告牌以外，淘宝店家还可以通过Banner Maker制作极具个性的店招、公告、电子贺卡、喜帖等。无须任何基础，只要会打字就可以制作出只属于自己的独特设计了！ 格式输出：Flash 动画、swf文件、还可以输出静态图片(jpg.png)。

> **提示**　在模板市场里，还可以买到现成的模板设计，但是这些都是付费的。

Banner Maker创新特点是什么?

首创广告牌元素图片叠加概念。一个完整的广告牌是由各种广告元素叠加组成（标签、按钮、背景等）的，Banner Maker中的各种元素可供用户随意搭配，同时用户也可以自行上传元素，让广告牌变得独一无二、充满个性。

首创广告牌代码化。通过Banner Maker制作的所有广告牌皆为代码组成，代码一经破译即可展示出效果。用户可自行修改代码，同时可以代码的形式将广告牌保存到本地以便反复使用，而无须花时间下载该广告牌。

6.2.3 制作店招

在Banner Maker主页单击“自己设计”，如图6.7所示。

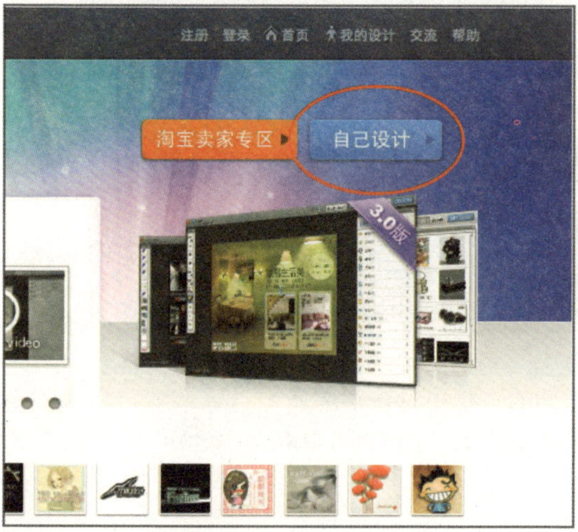

图6.7 单击“自己设计”

在弹出的窗口里，设置自定义尺寸，950×150，然后确定，如图6.8所示。

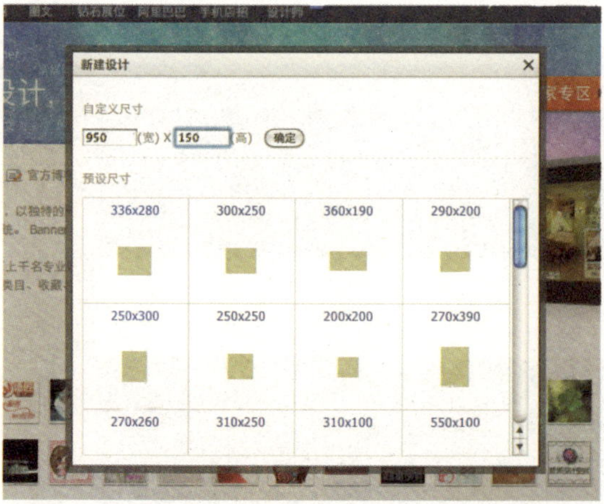

图6.8

然后进入编辑界面，如图6.9所示。

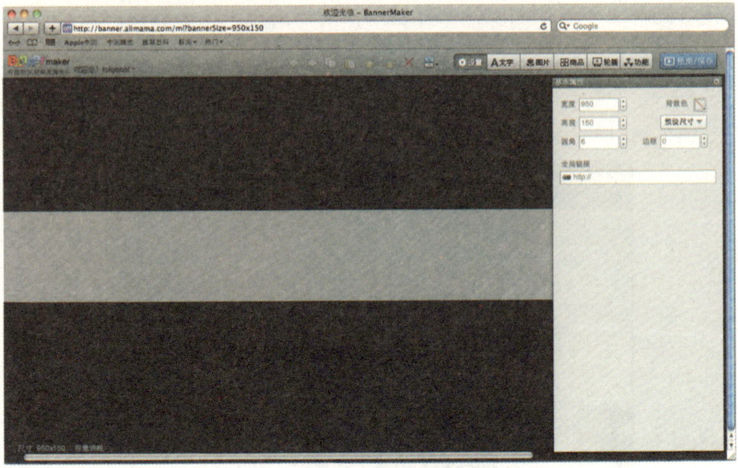

图6.9　编辑界面

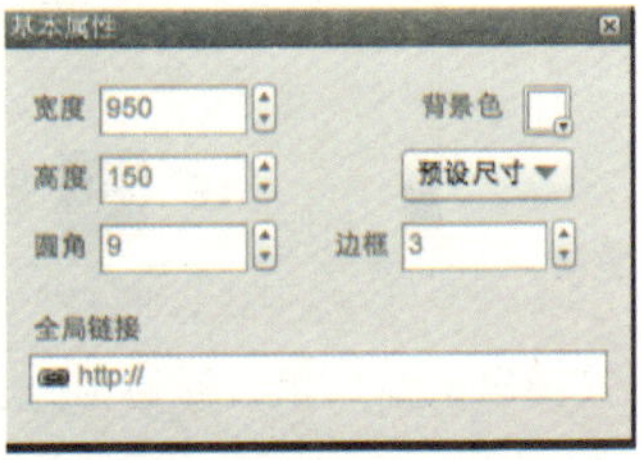

图6.10　设置基本属性

可以在右侧的边框中设置基本属性，例如背景色、边框、圆角等，如图6.10所示。

可以在图片菜单中获得各种素材，依次是标签、按钮、背景、我的素材，如图6.11所示。

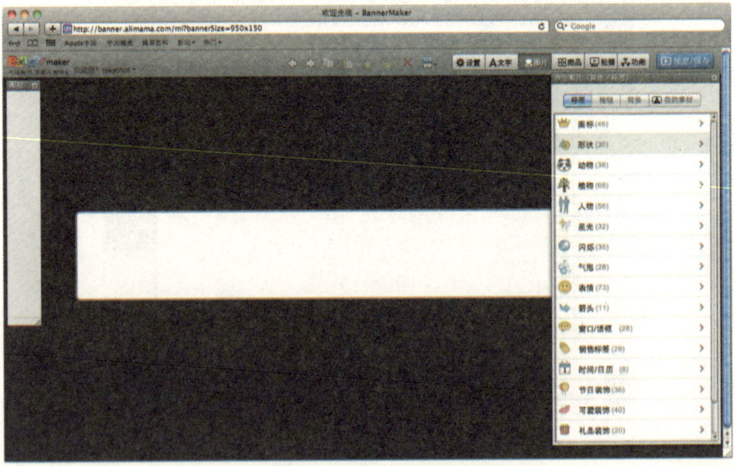

图6.11　提供的各种素材

在“我的素材”中，可以通过从本地上传图片来添加自己的图片，如图6.12所示。

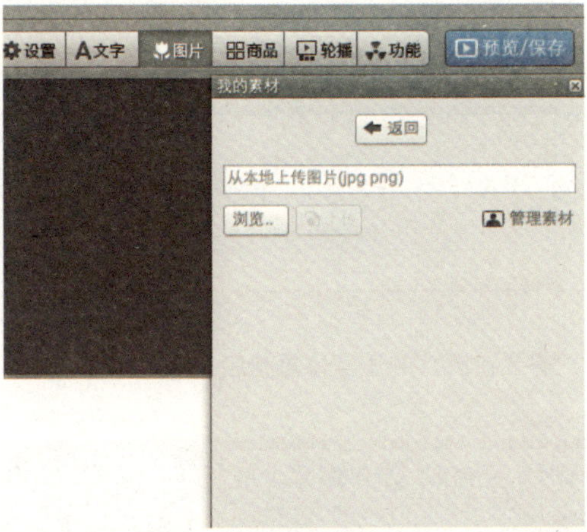

图6.13　上传图片功能

提示　上传照片的大小不要超过30kb。

用户通过本地上传一张照片以后，就可以进行相关操作了。

当选择一个图片素材进行编辑的时候，该素材就会出现在图层上。

选择该素材，便会出现一个蓝色方框。方框上共有8个锚点，可以做拉伸/缩小用。另外这个蓝色方框上还有一个蓝色小摇杆，将鼠标放到小摇杆处拖动便可作为旋转素材用，如图6.13所示。

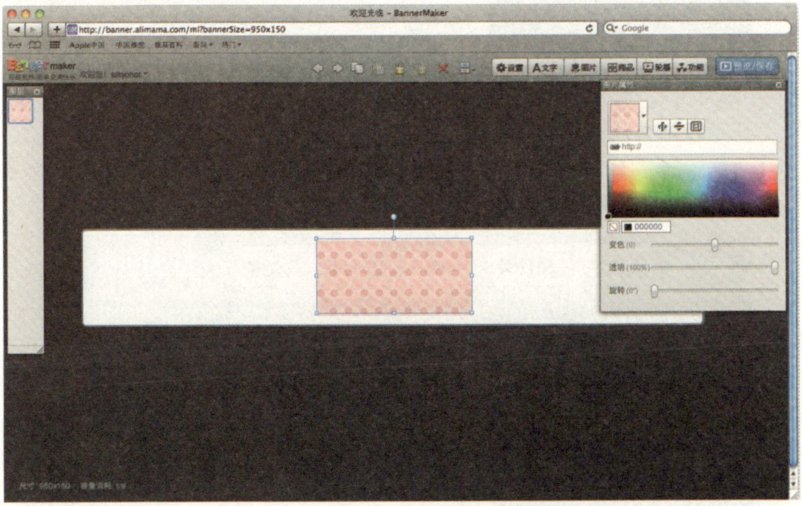

图6.13　素材调整

可以根据自己的需要，添加组合排列各种图层。

提示 如果需要进行撤销、重做、复制图层、粘贴图层、锁定图层、删除图层等操作，可以在菜单栏里找到相应图标操作，如图6.14所示。

图6.14　图标

设置好背景图片以后，需要在照片的适当位置给店招加入文字，如图6.15所示。

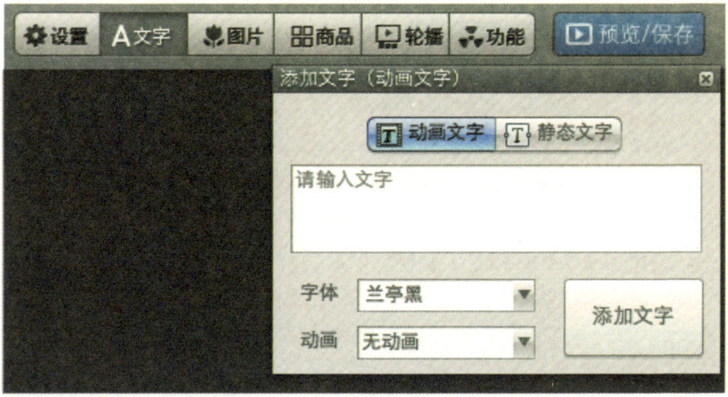

图6.15　为店招加入文字

还可以加入动画或者静态文字，根据提示设置自己需要的文字即可。

一切设计完毕，就可以保存以上的设计成果了。选择右上角的预览/保存，如图6.16所示。

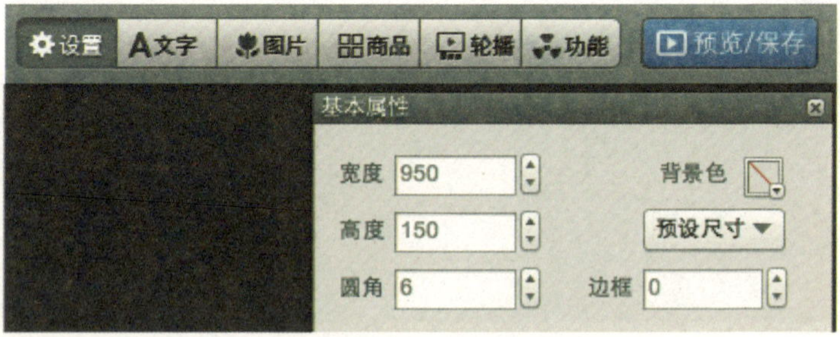

图6.16　保存成果

接着按照提示点击输出获取设计，如图6.17所示。

图6.17 输出获取设计

之后就可以根据需要选择要保存的文件格式。在这里，我们选择jpg，然后下载图片，如图6.18所示。

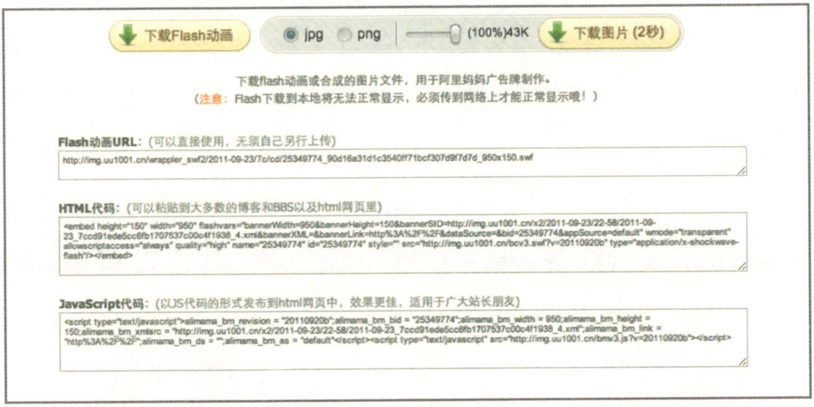

图6.18 选择并下载图片

提示 Flash动画可以用于广告牌制作，但它只能上传到网络才能正常显示。可以直接复制Flash动画URL代码来使用，无需另行上传，HTML代码可添加到大多数博客和BBS网页中，以JavaScript代码的形式发布到HTML网页中，效果更佳。

接下来，就需要把设置好的店招作品放在店铺的店招里了。

进入淘宝店铺，打开店铺装修，将鼠标指针移动到店招处，这时候店招右上方会出现“编辑”链接，如图6.19所示。

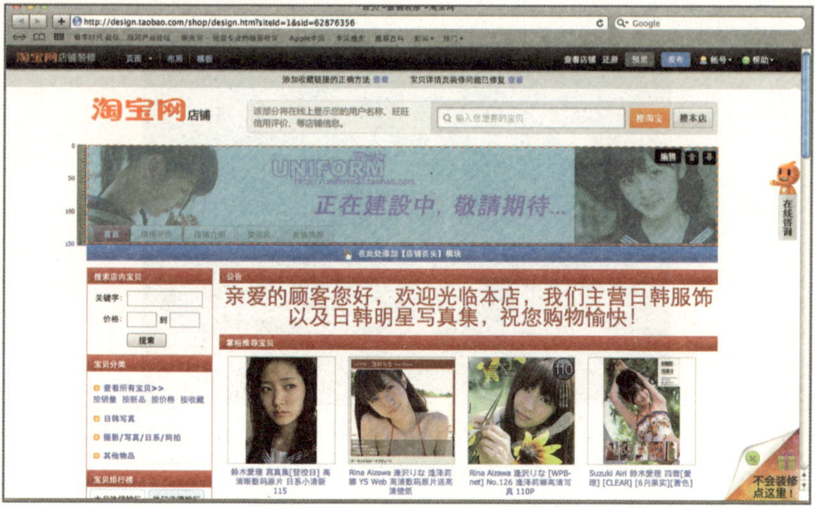

图6.19　出现“编辑”链接

点击“编辑”链接，会出现一个选框，如图6.20所示。在选框中，我们看到左侧背景图设置下方有两个选项，第一个是“编辑背景图：在线编辑”，一个是“更换背景图：选取文件”。这里我们选择在更换背景图就可以了。换好以后，别忘了单击“发布”按钮才可以保存我们的成果。

图6.20

> **提示** 如果使用“编辑背景图：在线编辑”就会进入淘宝的官方店招模板购买界面，如图6.21所示。在这里，是可以直接购买店招成品的，在购买后，修改一下文字即可。

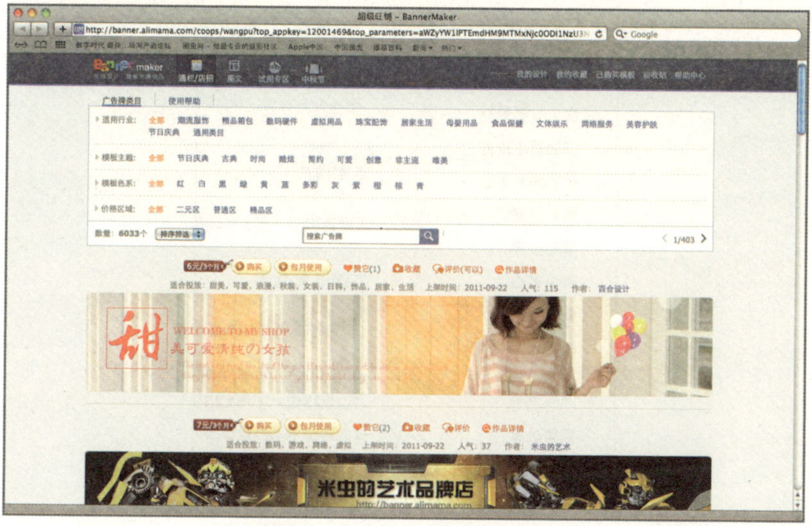

图6.21　官方店招模板购买界面

6.2.4　制作宝贝分类

同样可以使用Banner Maker制作宝贝分类。宝贝分类的尺寸设置为159×63（高度可以自定，宽度建议159），如图6.22所示。

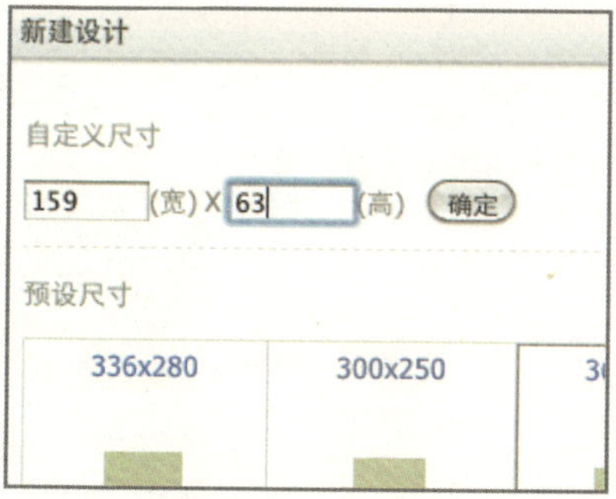

图6.22　定义宽和高

接下来采用与设计店招相同的方法设计宝贝分类，同样保存为jpg格式。

做好分类后，开始将它们上传到自己的店铺。

首先找到淘宝图片空间，进入“店铺管理”，在“店铺管理”子目录下可找到图片空间，如图6.23所示。

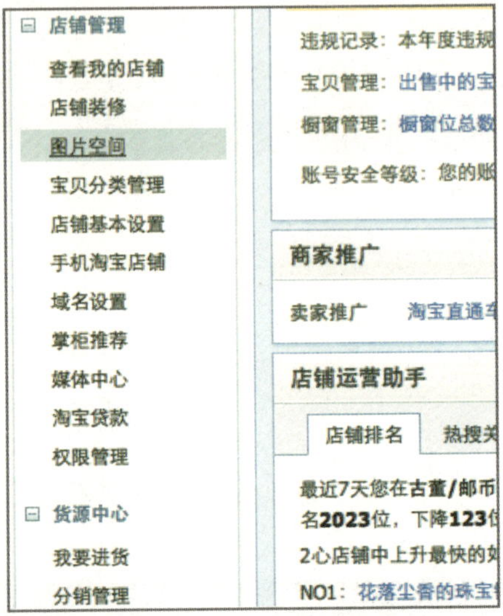

图6.23　进入“店铺管理”

进入图片空间后根据相应提示上传刚才制作好的宝贝分类图片，如图6.24所示。

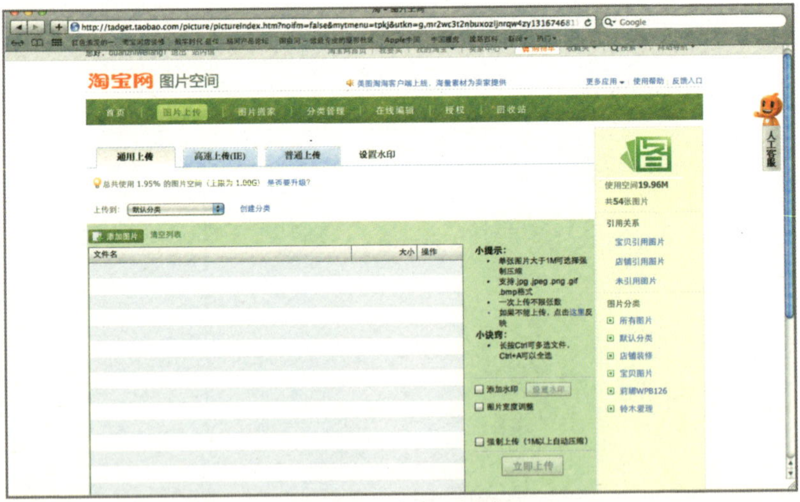

图6.24　进入图片空间

等分类图片素材上传到图片空间后，再一次进入店铺管理，在子目录里找到“宝贝分类管理”，如图6.25所示。

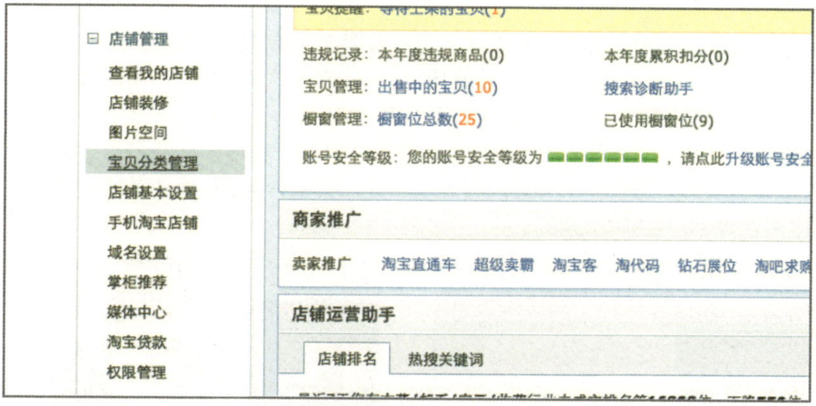

图6.25　找到“宝贝分类管理”

进入“宝贝分类管理”页面，如图6.26所示。

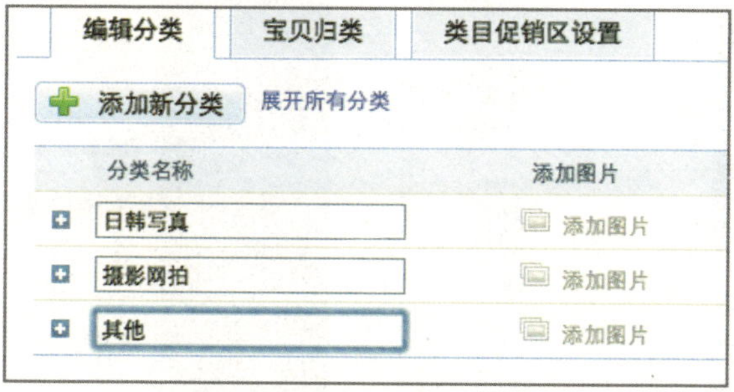

图6.26　“宝贝分类管理”页面

首先，需要添加新分类，并输入好想要的分类名称，然后选择“添加图片”，如图6.27所示。

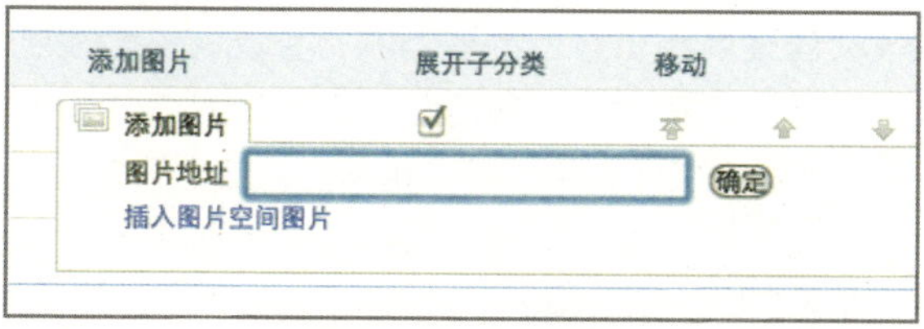

图6.27　输入分类名称

这个时候，只要之前上传到淘宝空间的宝贝分类图片对号入座，将地址复制到这里就行了。重复这个步骤完成剩下的宝贝分类制作。

6.2.5 促销模板、公告栏、广告栏以及自定义模块的装修

Banner Maker考虑非常周全，为了方便用户装修展示商品的各种模板，还特别推出了商品模块与图片轮播模块。在Banner Maker中，可以轻松完成促销模板、公告栏、广告栏以及自定义模块的制作。

Banner Maker提供了一些样板，并支持自定义功能，如图6.28所示。

在图片轮播设计中，Banner Maker提供了多种常用的图片轮播模式，可以任选其一，如图6.29所示。

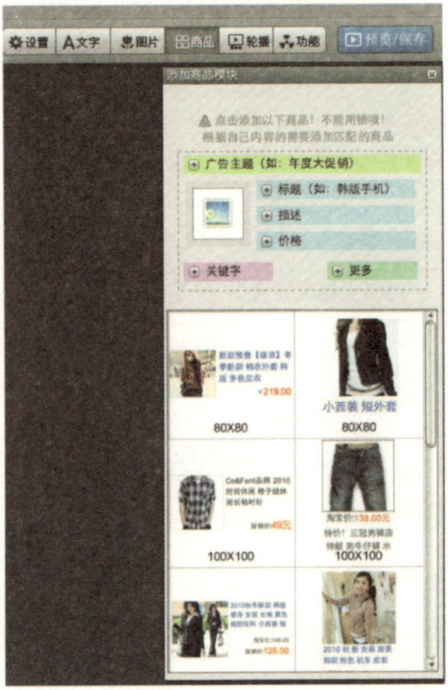

图6.28 样板自定义

图6.29 图片轮播模式

在动态模块属性的编辑版面的最上方，可以设置轮播照片的先后顺序，也可以添加或删除轮播图片里的任何照片，如图6.30所示。除此以外，动态模块属性编辑版面还给了用户足够多的自定义空间，供用户个性设置。

只需要发挥想象力，利用Banner Maker，将图片、背景、文字、商品模块和图片轮播模块拼合在一起就可以了。

当设计好模块后，就进入保存界面，复制Html代码，如图6.31所示。

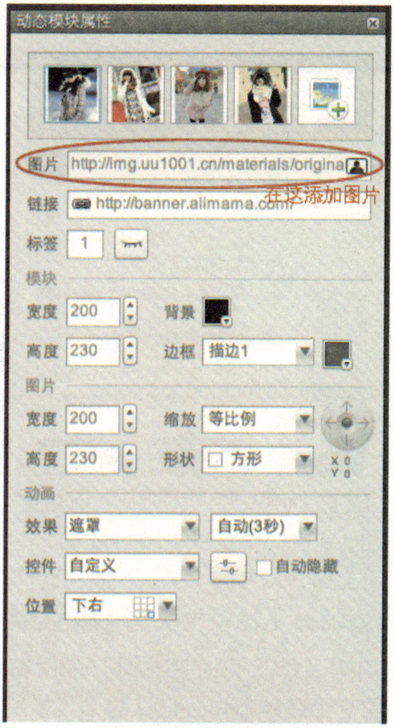

图6.30 添加轮播图片

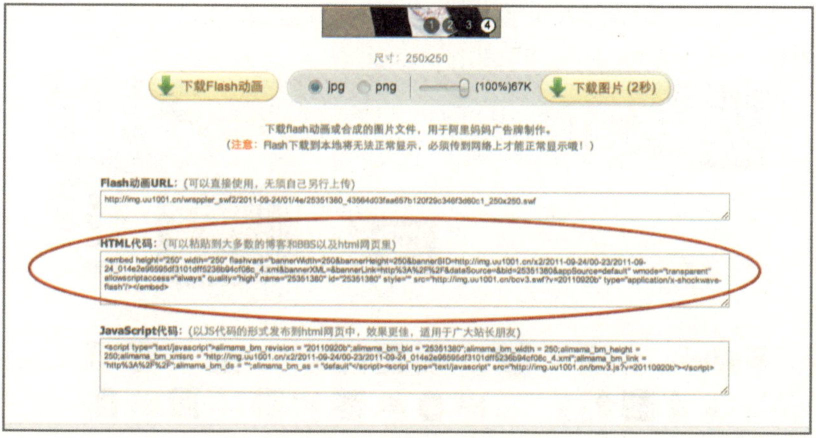

图6.31 复制Html代码

接下来进入店铺装修，添加新模块，选择自定义内容区，如图6.32所示。

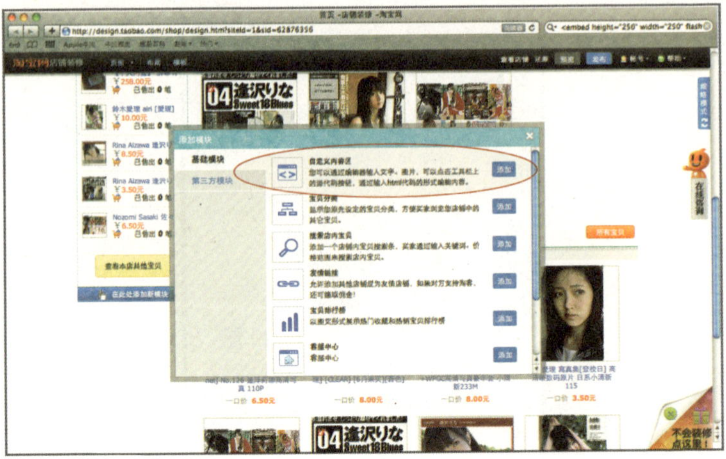

图6.32 选择自定义内容区

添加以后将复制的Html代码粘贴进去就可以了。

6.2.6 通过Banner Maker快速获得店铺整体装修

如果卖家不想在店铺装修上花太多时间，可以在模板市场买到整套店铺装修，这些模板都是专业设计师精心设计的，涵盖了店招、公告栏、促销栏、宝贝分类等，可以说一应俱全，非常方便。

首先进入Banner Maker首页，然后选择“淘宝卖家专区”进入，如图6.33所示。

图6.33 Banner Maker首页

进入淘宝商家装修市场，如图6.34所示。可以看到装修市场上分类很多，选择店铺模板。

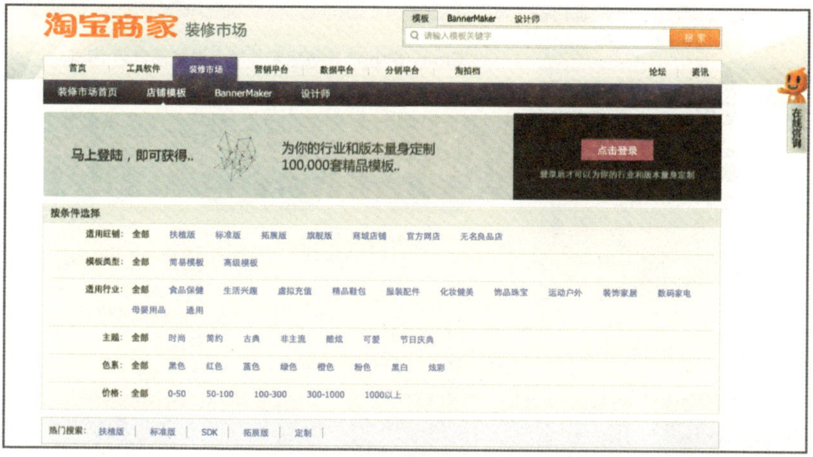

图6.34　装修市场

在装修市场里，可以按条件搜索各种专业设计师设计的模板，无论你经营何种商品，也不管是扶植版用户、标准版用户还是拓展版用户，在装修市场里，都能找到对应分类。这里的模板有些是免费的，有些则需要付费，并且涵盖各种价位，如图6.35所示。

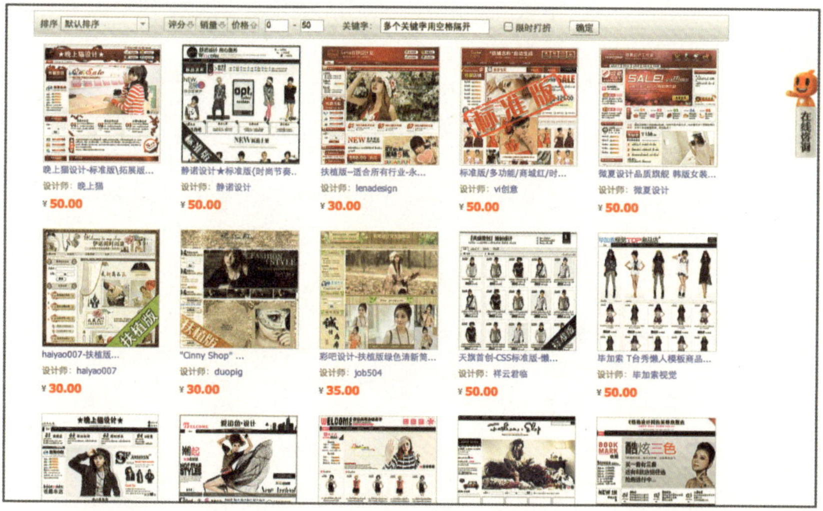

图6.35　模板

购买模板的流程与在淘宝购买其他商品一样，购买完成后即可使用，如图6.36所示。

图6.36　应用模板

第7章

完善您店铺的每一个环节

现在，您的小店差不多已经蓄势待发开始营业了。但是，还有很重要的一些环节没有做。很多初出茅庐的店长都很少留心这些环节，殊不知这些环节会潜移默化地影响您小店的销售情况，接下来，看看都是哪些环节。

7.1 优质的宝贝描述

7.1.1 优质的宝贝描述可以牢牢抓住买家的心

作为买家，在网购的时候都会有这样的经历——买东西的时候，有些商品的描述太过于简单，卖家只是用寥寥数字大致介绍一下这是什么，或者复制粘贴一些商品评测、参数等，然后贴上照片完事；有的甚至根本就没什么描述，完全没有好好想过买家最关心的是什么，最希望看到产品哪些方面的介绍。试想如果你是一个买家你会作何感想呢？会不会觉得特别不踏实？觉得卖家非常随意，自然就会产生不好的想法，觉得一个对自己的产品都不认真的卖家又怎么可能对一个顾客认真呢？尤其是当卖家不在线的时候，买家很喜欢他的商品，但是没有渠道了解很多具体信息，这个时候可能大部分的买家都会弃而转投其他卖家的怀抱。这样只会导致一个很恶劣的结果——原本属于你的潜在消费群体就这样一点点流失了。

如图7.1所示，卖家A为了出售一条豹纹长裙，拍了许多精美的真人服装片，但是在宝贝描述的时候却只是轻描淡写地写了几句话。如果买家只是看到这样简单、随意、空洞的宝贝描述，心理是不会踏实的。这样会给买家一种感觉：卖家对这些服装不太认真负责，这些服装品质也不会高。

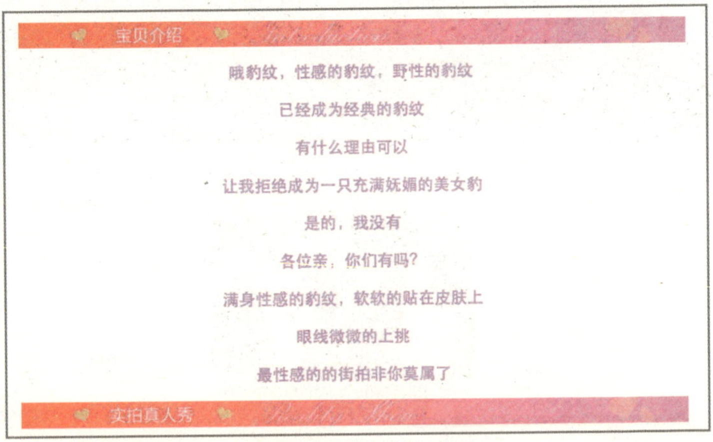

图7.1　商品描述过于简单

相反，如果你的宝贝描述做得非常细致，各方面都介绍得很周道，那么买家看到以后就会放心、踏实。这就会给买家一个良好的印象——卖家是个认真负责的人，对自己的网店、自己的服装、自己的顾客都充满责任感。一旦买家产生了好印象，对你的小店有了信任，购物有了安全感，你的交易成功率大大提高。

如图7.2所示，同样销售一款豹纹长裙，除了上传了精美的真人服装片以外，还对宝贝的款型、面料、尺寸等都做了详细介绍。为了方便买家，还尽可能使用一些表单、图示，让整个宝贝描述生动形象，不死板。

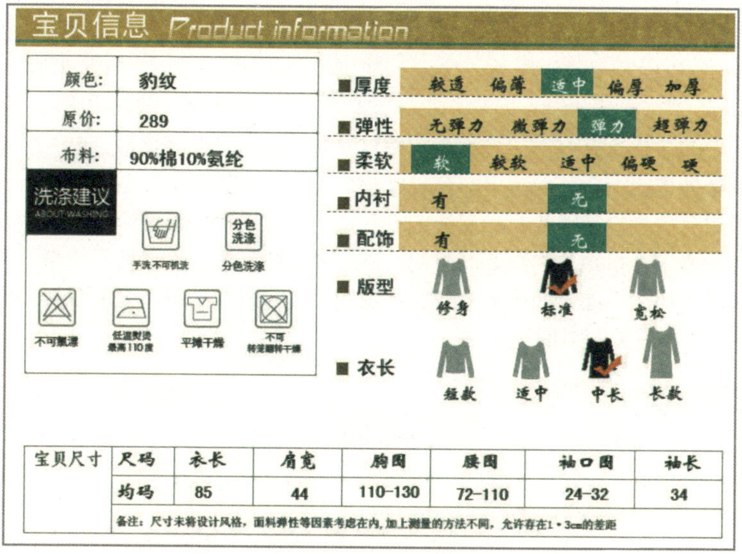

宝贝尺寸	尺码	衣长	肩宽	胸围	腰围	袖口围	袖长
	均码	85	44	110-130	72-110	24-32	34

备注：尺寸未将设计风格，面料弹性等因素考虑在内，加上测量的方法不同，允许存在1~3cm的差距

图7.2 详细的商品描述

除了对衣服的描述外，还将真人服装片里模特的身高、三围、穿衣尺码等信息罗列了出来，方便买家参考，如图7.3所示。

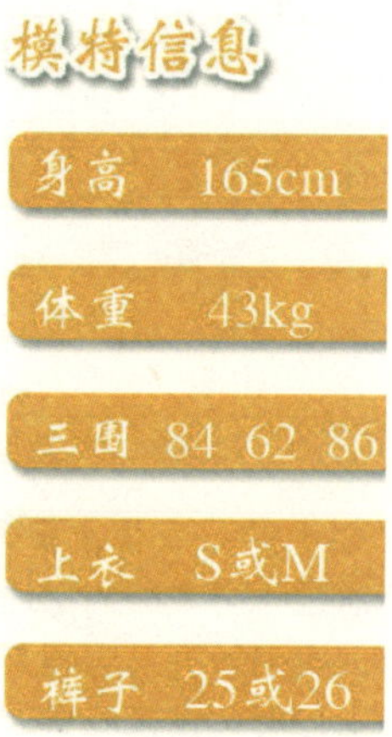

图 7.3 尺码信息

7.1.2 如何写好宝贝描述

拍摄商品样片需要花费很大的人力物力，不仅要买高品质的数码相机，还需要进行细致的电脑后期处理。但是宝贝描述则不然，只要你用心去写，对宝贝描述细致周到，都是可以写好的。在本节将为读者逐一介绍各种类型的宝贝描述该怎么去写。

（1）如果读者经营的是外贸女装，宝贝描述里一定会包含五个基本元素：①款式；②颜色 ；③面料；④尺码 ；⑤产品的吊牌、商标、洗标是否完整。

尽管上面这些参数已经在宝贝题目里写了，但是在宝贝描述里，还是要再细致地描述一遍，因为大部分买家都是通过搜索关键字找到你的产品，第一眼看到的肯定是图片，然后就会点开进行浏览，标题看没看都成问题，而且就算看了，标题的字数都有限制，不可能把所有重要信息都写出来。尤其对衣服尺码的描述，如果配上一些解说图示，告诉买家每一个尺寸是如何测量的，效果更好，如图7.4所示。

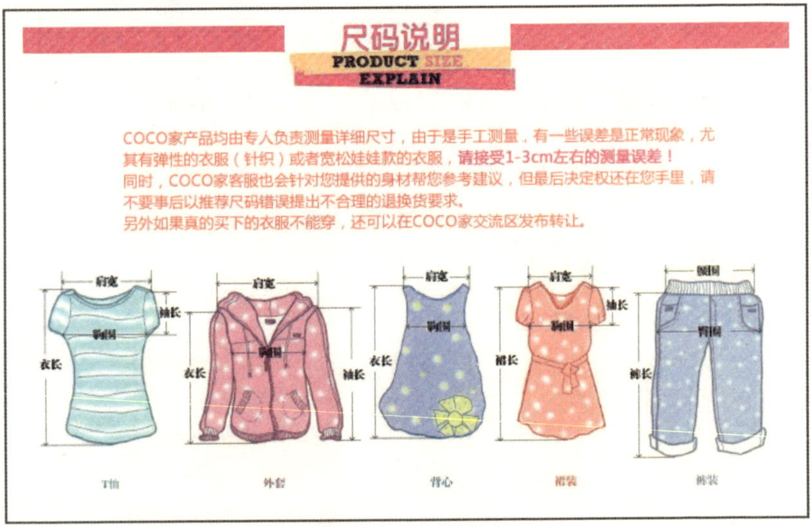

图7.4 图解尺码说明

具备了以上的五点基本要素还不能算是一个好的宝贝描述。优质的宝贝描述应该通过一个产品的描述让买家对店铺乃至店主个人的风格都有一个大致的了解，吸引他进入店铺来逛逛，这样即使某一个产品不能打动他，至少还可以大大提高店铺访问量，成交的可能性就会随之提升。就拿卖衣服来说，可以根据自己的想法做一些搭配，或者给买家一些搭配上的建议，还可以发表一些对时尚的见解。如果卖家穿过自己店里某些产品那也可以谈一下自己的体会，就像跟买家在旺旺上沟通一样。

某卖家在销售豹纹长裙的时候，还加入了试穿人的试衣感受，以及自己对豹纹长裙的宝贝诠释，如图7.5所示。

试穿人	身材尺寸				试衣感受
	身高/体重	三围	平时穿衣尺寸	试穿尺寸	
小婷	160cm/42kg	32B	S	均码	整体宽松，首次尝试豹纹，喜欢
小玲	163cm/49kg	36A	M	均码	合身，修身，面料舒服
小芳	157cm/55kg	36B	L	均码	非常显瘦，性感，大爱

宝贝诠释

作为风尚的宠儿，天生的情人，豹纹对女人来说似乎有着永恒不变的迷恋情节，这和豹纹原始野性的吸引，或是叛逆的冲动有着千丝万缕的联系。这款中袖连衣裙采用经典的豹纹图案视觉效果非常好，上身很显瘦，最别致的部分是腰间采用褶皱设计加上橡皮筋，可松紧，使腰间部位显得更婀娜多姿哦！整款上身效果优雅别致，时尚大气。让漂亮的你也在这个早秋大放光彩吧。可搭配一双平底鞋或坡跟鞋，在搭配一件精致小外套会更加优雅迷人，快乐的迎接初秋的到来吧！

回顶部

图7.5

提示 现在很多店长都聘请真人模特来展示服装。尽管使用真人秀的方式可以更加直观地让买家了解服装，但是这并不代表宝贝描述可以写简单点，每一件衣服依然需要非常详尽的描述，最好加上对这件衣服风格和搭配上的建议。如果你的真人秀图片，全部是你用自己店里的衣服搭配出来的，商品描述又十分详尽，买家就会情不自禁地把一身行头统统买下。这样一来，销量自然提高；如果做得好，买家们就算不买衣服也会定期地去那家店铺看看，哪怕是为了看看店主的一些观点和服装搭配，可以对自己平常的穿戴有所提示，这样一来，访问量也会增加。细致的宝贝描述也能减少和买家交流中解释宝贝的时间，可谓一箭三雕。

（2）如果您经营的是数码产品，那么在做宝贝描述的时候就要另外多注意一些问题。数码产品涉及的问题更多，包括品牌非品牌、原装非原装、行货非行货，还有售后保养维修等。这些都比服装要复杂。数码产品的宝贝描述所要注意的几点如下：

1）品牌介绍。除了必须要写的宝贝名称外，详细的品牌介绍是十分必要的，每种品牌拥有自己不同的风格。关于数码产品的宝贝描述一定要充分结合品牌介绍。

如图7.6所示，如今苹果已成为时尚的代名词。

图7.6　苹果手机

2）宝贝说明。包括尺寸大小、规格、颜色、内部结构、保修期等。最好再贴上相关产品的性能评测。除了可以供卖家参考外，也能提升店铺的访问量。

PConline手机频道就是很多手机卖家引用评测文章的来源。除此之外，数码相机、DV等电子产品在PConline都有相应的频道，有大量的评测文章，如图7.7所示。

一年一度的WWDC苹果开发者大会是众多果粉翘首以盼的日子，和以往一样，乔布斯在2010年WWDC上发布了最新一款iPhone手机--iPhone 4。但是和以往有点不一样的是，这次iPhone 4遭受到了苹果史上最严重的曝光，在iPhone 4发布前就已经有工程样机遗失、接着是详细的外观图、拆解等密集的信息轰炸。以至于这次的WWDC成为苹果最没有悬念的发布会。

苹果 iPhone 4(16GB) 图库 评测 论坛 报价 网购实价

虽然iPhone 4的外观和部分功能无法在发布会上立刻撼动人心，但是它的新功能还是值得细细回味和称赞的。泄漏事件把苹果公司推向了尴尬的局面，但乔布斯（苹果公司CEO）在发布会上仍然满怀激动地演说：你们之前看到的并不是iPhone 4的全部。而我们也是想告诉大家，在这篇评测之前，你们看到的也不是iPhone 4的全部。

图7.7　PConline评测频道

实物样片，这是吸引客户的关键。由于网店的虚拟性，和实体店相比，没有见到实物的放心感觉，所以宝贝的图片便起了决定性的作用。尤其是电子产品，经常会有断货、缺货、假货等问题，放上正品实物照，会让买家心里有数。

某数码专营店的iPhone4购买页面里加入了该店的iPhone4实拍图，为了防止盗图，在实拍图里又加入了店铺Logo，使得买家购物更加放心而且也不用担心被其他不良商家盗用图片，如图7.8所示。

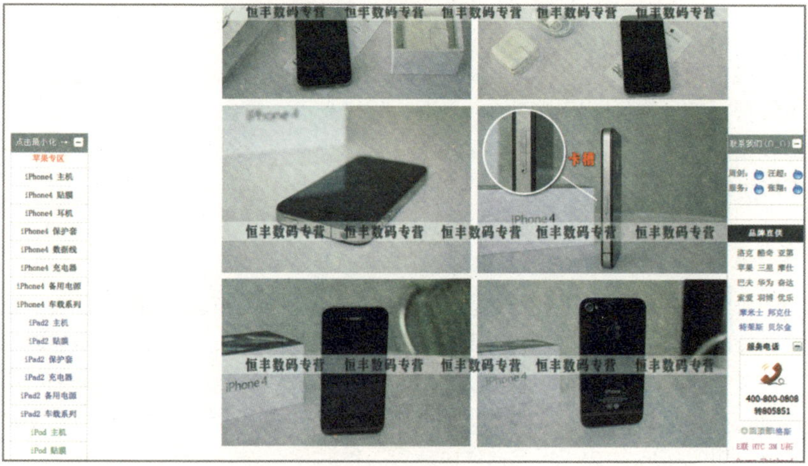

图7.8　商品实拍图

售后服务，这是买家最关心的问题。相信每一位成功的卖家都有好的售后服务，好的售后便很能吸引眼球，具体包括：

- 是否支持无条件退货；
- 无条件退货的期限；
- 有质量问题产品更换基本原则；
- 全国联保或是店保的具体期限；
- 退换修的范围；
- 保修的来回邮费说明。

这些售后信息越全面越详细越好。

（3）如果你经营的是一些其他商品，如地方特产、虚拟物品等，由于这些商品属性特殊，且不属于主流经营项目，购买这些商品的买家也都是一些对商品本身有一定了解的固定人群，因此这些商品的宝贝描述没有太多固定模式，只需要把握写宝贝描述尽可能写详尽的原则即可。

总的来说，写好宝贝描述就是要把买家当成朋友，要出于对朋友的负责，把你的宝贝各方面都介绍给他。站在买家的立场，想一想作为一个买家都关心商品哪些问题，做到真正意义上的人性化。不要觉得这样太花时间，考虑到投入与回报，多花些心思在宝贝描述上是值得的。

7.2 消费者保障服务

经商，讲个“信”字。信誉很重要，哪怕你的宝贝品质很好，也很用心地经营，但是这样还远远不够，只有信誉提高了，才会有更多人来光顾。这里介绍的“消费者保障服务”正是为保障消费者利益的，无形中也提升了买家对于卖家的信赖。

7.2.1 消费者保障服务介绍

目前消费者保障服务分为：商品如实描述、7天无理由退换货、假一赔三、闪电发货、数码与家电30天维修、正品保障。其中，商品如实描述为加入消费者保障服务的必选项，而7天无理由退换货、假一赔三、虚拟物品闪电发货、数码与家电30天维修、正品保障是可以自愿根据店铺类目进行主动选择的。如图7.9所示为“消费者保障服务”标识。

图7.9 “消费者保障服务”标识

7.2.2 相关名词解释

淘宝网中“消费者保障服务”相关标识如图7.10所示。

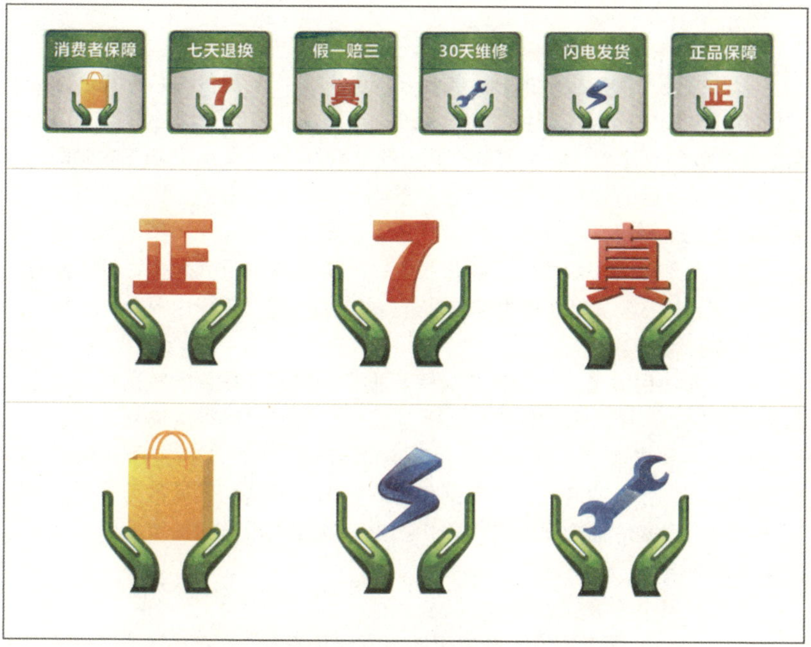

图7.10 淘宝网中“消费者保障服务”相关标识

（1）消费者保障服务

卖家根据协议及淘宝网其他公示规范的规定，按其选择参加的消费者保障服务项目，就其通过淘宝网这一电子商务平台发布出售信息并利用支付宝服务向买家出售的商品，向买家提供相应的售后服务。消费者保障服务是用户向买家提供的服务，卖家是该服务责任者。

（2）先行赔付

当淘宝网买家与签订“消费者保障服务协议”的卖家通过支付宝服务进行交易后，若因该交易导致买家权益受损，且在买家直接要求卖家处理未果的情况下，买家有权在交易成功后向淘宝发起针对卖家的投诉，并提出赔付申请。当淘宝根据相关规范判定买家赔付申请成立，则有权通知支付宝公司自卖家的支付宝账户直接扣除相应金额款项赔付给买家。

（3）商品如实描述

指卖家对商品的有效描述是如实的，是与商品本身相符的，没有不符合商品实际的描述以及言过其实的描述。“商品如实描述”服务是指卖家承诺其对商品本身有关的信息描述属实，若卖家未能履行该项承诺，则淘宝有权依据本规范及其他公示规范的规定，对由于卖家违反该项承诺而导致利益受损的买家进行先行赔付。

（4）7天无理由退换货

指卖家使用淘宝提供的技术支持及服务向其买家提供的特别售后服务，具体为：当淘宝网买家使用支付宝服务购买支持“7天无理由退换货”的商品，在签收货物（以物流签收单时间为准）后7天内（如有准确签收时间的，以该签收时间后的168小时为7天；如签收时间仅有日期的，以该日后的第二天零时起计算时间，满168小时为7天），若因买家主观原因不愿完成本次交易，卖家有义务向买家提供退换货服务；若卖家未履行其义务，则买家有权按照本规范向淘宝发起对该卖家的投诉，并申请“7天无理由退换货”赔付。

（5）假一赔三

指卖家使用淘宝提供的技术支持及服务向其买家提供的特别售后服务，允许买家按本规范及淘宝网其他公示规范的规定对已购得的商品认定为假货的前提下，要求卖家三倍赔偿。具体为，当买家使用支付宝服务购买支持“假一赔三”服务的商品，在收到货物后，如买家认为该商品为假货，且在买家直接与卖家协商未果的前提下，买家有权按本规范向淘宝发起对该卖家的投诉，并申请“假一赔三”赔付。

（6）闪电发货

1）“1小时闪电发货”指卖家向买家提供在1小时内发送“网络游戏点卡”、“网游装备、游戏币、账号、代练”类目下的虚拟商品的服务。卖家若无法履行承诺，须向买家进行赔偿。

2）“24小时闪电发货”指卖家向买家提供在24小时内发送规定类目的实物商品的服务。卖家若无法履行承诺，须向买家进行赔偿。

（7）数码与家电30天维修

在淘宝网的买家使用支付宝服务，在购买商品交易成功后30天内，卖家应向买家无条件提供免费维修服务，否则买家有权在确认卖家不提供该服务后的15天内，按本规范向淘宝提出对该卖家的投诉，并在符合本规范有关规定的情况下，请求淘宝使用该剩余保证金按本规范解决投诉。

（8）正品保障

是商家必须承担的服务内容。具体为，当淘宝网买家使用支付宝服务购买商家的商品，若买家认定已购得的商品为假货，则有权在交易成功后14天内向淘宝发起针对该商家的投诉，并申请“正品保障”赔付，可以申请的赔付金额以买家实际支付的商品价款的3倍加邮费为限。

（9）第三方质检

指卖家在承诺消费者保障服务的基础上，根据店铺主营类目自愿选择向买家提供的特色服务之一。具体为，当买家使用支付宝服务购买支持“第三方质检”服务的商品，在收到货物后，如买家认为该商品质量与在商品详情页面公示的由第三方质量检验机构出具的检验报告内容不符，且买家与卖家协商未果的前提下，买家在交易成功后15天内发起维权，并申请“如实描述”赔付。如淘宝判定买家赔付申请成立，卖家同意按照本协议之约定向买家退回其实际支付的商品价款，并增加赔偿其受到的损失，增加赔偿的金额为买家实际支付商品价款的一倍，并承担维权所涉商品的质检费用和所有物流费用。

7.2.3 加入“消费者保障服务”能获得哪些优势？

1）在商品上加上特殊标记，并有独立的筛选功能，让商品可以马上被买家找到；

2）拥有相关服务标记的商品，可信度高，买家更容易接受；

3）为提高交易质量，淘宝网单品单店推荐活动只针对消保卖家开放；

4）淘宝网橱窗推荐位规则针对消保卖家有更多奖励；

5）淘宝网抵价券促销活动只针对消保卖家开放；

6）淘宝网其他服务优惠活动会优先针对消保卖家开放。

从图7.11 可以看出，当买家搜索相关产品的时候，加入消费者保障服务的卖家会更具备优势。

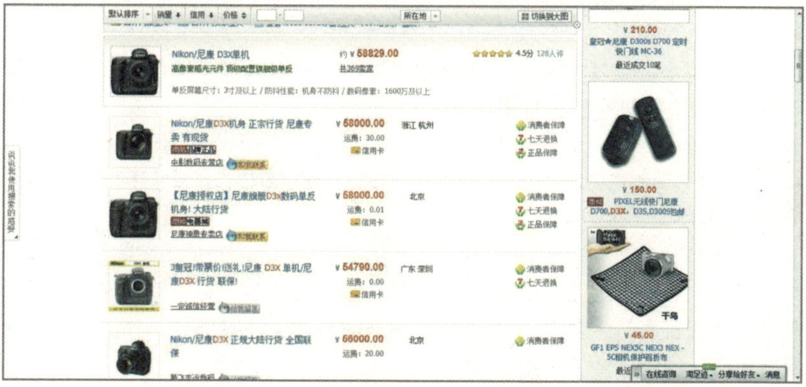

图7.11 加入消费者保障服务的卖家更具备优势

7.2.4 “消费者保障服务”相关答疑

（1）如何提交申请

作为卖家，你可以在“我的淘宝”左边菜单中选择“消费者保障服务”，如图7.12所示。

图7.12 选择“消费者保障服务”

首先，请先确认是否符合加入消费者保障服务的条件，当符合了申请要求，可以点击“申请加入”按钮，提交你的申请。点击申请加入，然后进入“选择服务”页面，选择服务后点击“下一步”按钮，进入“阅读协议”页面，阅读后单击“同意以上协议，申请加入”按钮，即可看到申请成功，等待审核通知页面。

一旦提交的审核被通过，卖家就可以在“我的淘宝—消费者保障服务”中看到“提交保证金”这样的提示。

提示 卖家好评率需要达到97%以上，才可以顺利通过审核，如果好评低于这个数据，就不能成功加入。

单击“提交保证金”，可以在支付宝登录密码输入框中输入密码，并单击“提交保证金”。此时，支付宝上的这部分资金将被冻结，作为“消费者保障服务”的保证金，如图7.13所示。

当提交了保证金后，恭喜你加入了“消费者保障服务”。

（2）卖家申请条件

1）商城卖家：所有商城卖家都自动加入“消费者保障计划”，承诺先行赔付服务。

2）其他卖家必须满足如下条件。

①卖家信用两星及以上。

②卖家好评率97%及以上。

③被投诉成功率不超过1%。

④销售二手商品的卖家仅开放以下四个类目：手机/通信/卡、数码相机/摄像摄影、mp3/随身视听/音响/家电、电脑/网络及相关设备。

⑤按照卖家身份或所售主营商品的类目不同在自己的支付宝账户存入相应金额的固定保证金。

提示 不同类目商品提交的保证金数量不同，详情可登录淘宝网站查询。

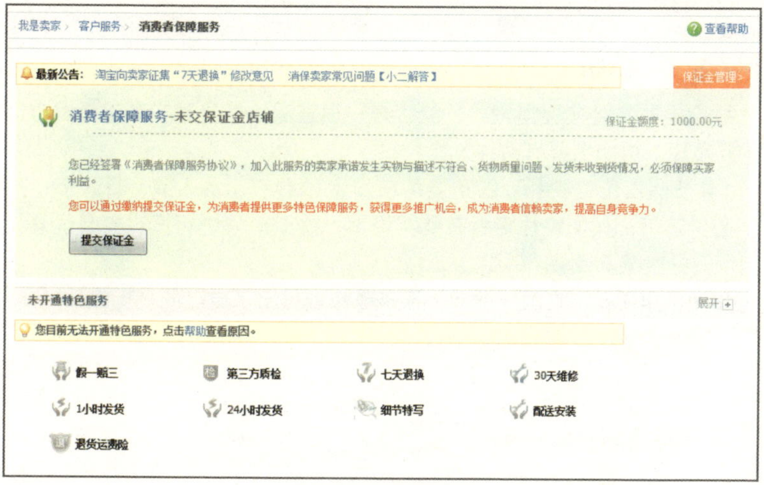

图7.13 提交保证金

（3）卖家申请退出消费者保障计划的条件

1）卖家申请后，取消先行赔付的标志，但扣留保证金，在协议终止后3个月内，用户未受到任何第三方投诉或发生交易纠纷，则淘宝将在上述期满后的10个工作日内向支付宝公司发出指令，解除对保证金的冻结。保证金悉数奉还。

2）卖家由于未及时缴纳保证金而被强行退出的，1个月之内不能再次申请。

3）如果因为卖家违反先行赔付规定被淘宝客服强行退出的，6个月之内不能再次申请。

4）主动退出的卖家需要在15天后重新申请加入。

7.3 使用八大手段促销商品

小店刚刚开张，刚把商品发布出去，面临最大的问题就是：怎么让消费者尝试购买？要想解决这一难题，还需要靠另一种有效的手段——促销。当竞争对手进行促销时，其实就是开始向你挑战，一定要采取措施予以回击。在市场上不能总是被动性地采取响应措施，有时候就得主动出击。

在现实生活中，大商场可以依靠发传单、登广告，降价优惠，限时抢购等手段进行促销，但是在电子商务网络销售的大环境下，该如何去促销呢？网店内部的销售促进手段都推荐以免邮费、打折、赠品为主，其余方式为辅。

7.3.1 打折

打折是非常经典促销方式，能让客户很直观地感受到实惠，是网店促销的重要手段。折扣主要有两种方式：

1）节假日价格折扣。在重要的节日，如春节、情人节、母亲节、圣诞节、七夕节等，人们往往更具有购买潜力，这个时候进行适当打折优惠，能收到很好的效果。

如图7.14所示，在国庆期间，很多商家都推出了自己的打折商品。

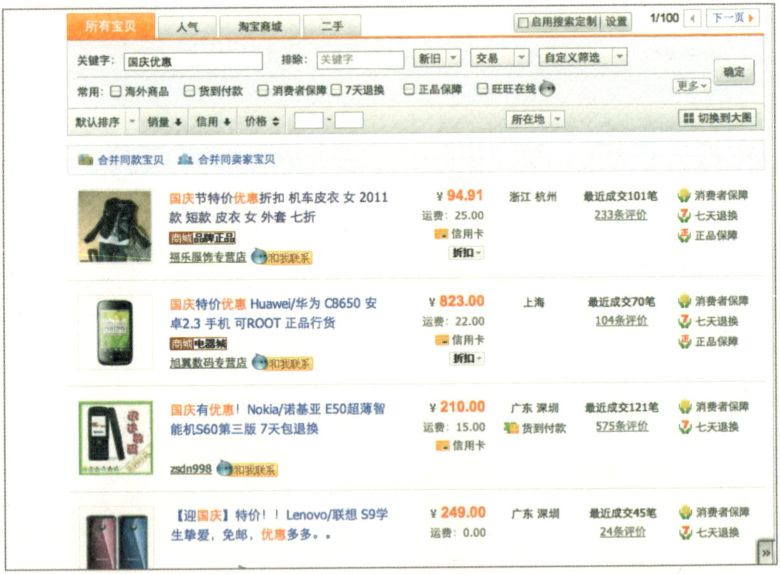

图7.14 打折促销

> **提示** 店主应选择商品价格调节空间较大的商品参加活动，并不是全盘托出。这种方式的优点是：符合节日需求，会吸引更多的人前来购买，虽然折扣后可能会造成利润下降，但销售量会提高，总的销售收入不会减少，同时还增加了店内的人气和流量，电子商务时代有句名言——流量就是金钱，店铺人气的提升对以后的销售也会起到推动作用。

2）变相折扣。由于网上直接价格折扣容易造成低品质的怀疑，那么利用商品附加值促销，会更容易得到消费者的信任。例如采取“捆绑式”销售，将出售商品与附加产品绑定，虽然单买商品比原价高了，但是却以较低价格买到了附加产品，这样买家并不感到亏本。在销售电子产品的时候，往往捆绑副厂充电器、原厂电池等；销售服装的时候往往捆绑一些小配件。

7.3.2 赠品

赠品促销的关键在于赠品的选择上，一个得当的赠品，会对产品销售起到积极的促进作用，而选择不适合的赠品只能使成本上升，利润减少，顾客不满意。选择合适的赠品应注意：第一，不要选择次品、劣质品，这样做只会适得其反，影响店铺的信用度；第二，选择适当的能够吸引买家的产品或服务。可以赠送试用装或小样，还可以赠送无形的东西——服务。第三，注意赠品的预算，赠品要在能接受的预算内。

如图7.15所示，很多服装类的商家采用买一赠一的促销方式。

图7.15 采用买一赠一的促销方式

7.3.3　免邮费

网络购物中间环节的邮费问题一直是买家关注的焦点之一，这会影响到买家对于网购价格优惠的感知。当前邮费主要分为：邮局（包裹平邮）、物流快递、特快专递等。平邮的价格较低，但周期较长；物流快递价格适中、送货周期在3～5天；特快专递的价格昂贵；因此快递公司是最被买家接受的。店主可以根据买家所购买商品的数量来相应地减免邮费，让消费者从心理上觉得就像在家门口买东西一样，不用附加任何其他的费用。

如图7.16 商家们为了促销，常常采用免邮费手段。

图7.16 免邮费促销

7.3.4　会员、积分促销

凡在网店购买过商品的顾客，都成为网店的会员。会员不仅可享受购物优惠，同时还可以累计积分，用积分免费兑换商品。此方式的优点是：可吸引买家再次来店购买，以及介绍新买家来店购买，不仅可以巩固老顾客，使其得到更多的优惠，还可以拓展发掘潜在买家。

会员、积分经常应用在促销中，可以让会员通过积分免邮费，利用积分抵现金，如图7.17所示。

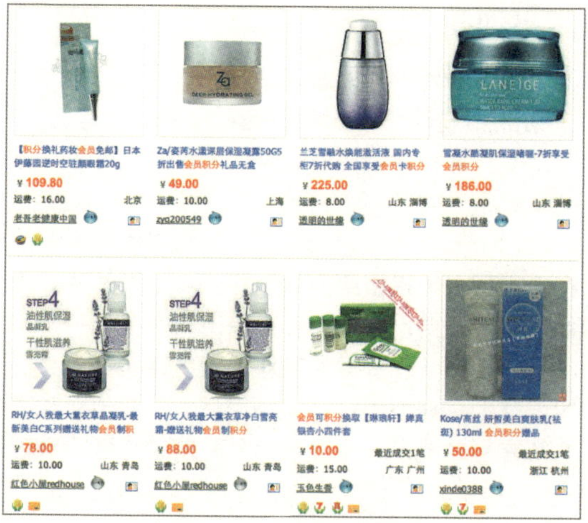

图7.17　会员积分促销

7.3.5 红包

红包是淘宝网专用的一种促销工具，各位卖家可以根据各自店铺的不同情况灵活制定红包的赠送规则和使用规则。通过此种手段可增强店内的人气，由于红包有使用时限，因此可促进客户在短期内再次购买，有效提升网店销量。

7.3.6 积极参与淘宝网主办的各种促销活动

淘宝网不定期会在不同版块组织不同的活动，参与活动的卖家会得到更多的推荐机会，这也是提升店铺人气和促进销售的一个好方法。要想让更多的人关注到网店，店主就要经常到淘宝网的首页、支付宝页面、公告栏等关注淘宝举行的活动，并积极参与。

如图7.18所示为淘宝商城不定期举行的促销活动。

图7.18　淘宝商城不定期举行的促销活动

7.3.7 巧用评价

信用评价是会员在淘宝网交易成功后，在评价有效期内（成交后3～45天），就该笔交易互相做评价的一种行为。信用评价分为“好评”、“中评”、“差评”三类，每种评价对应一个信用积分，具体为：“好评”加一分，“中评”不加分，“差评”扣一分。

据调查，一方面，网店的信用级别会对消费者的购买决策产生影响，另一方面，买家在交易后对卖家所给的信用评判会引来关注。由此看来，店主一方面要诚信经营，提升自己的信用度和信用级别；另一方面要把握好这个宣传机会，每次交易后，不仅要对买家作评判，还要在评判留言栏留下相关的店铺信息。如“我们将在下周进行全场商品九折活动，欢迎再次光临”。这样一来，评判留言栏就成了一个促销信息的发布专区，合理地利用了网络资源。

7.3.8 加入淘宝联盟

加入淘宝联盟后，我们可以进行橱窗推广。橱窗推广是一种以系统推送促销信息的推广模式。只需要在网站上的广告位部署橱窗推广代码，淘宝联盟的用户行为分析系统和推广信息投放系统将为卖家推送高质量的相关性推广信息，让卖家坐拥稳定收益。如图7.19所示为淘宝联盟首页。

图7.19 淘宝联盟首页

第8章

淘宝皇冠店赚钱秘籍：拍摄、装修、推广

成交是王道
——推广店铺应该这么做

在前面的章节中，介绍了商品的拍摄和店铺装修的方法。酒香也怕巷子深，如果没有强大的营销推广手段，商品拍得再美观，店铺装修得再豪华，也很难被买家发现。

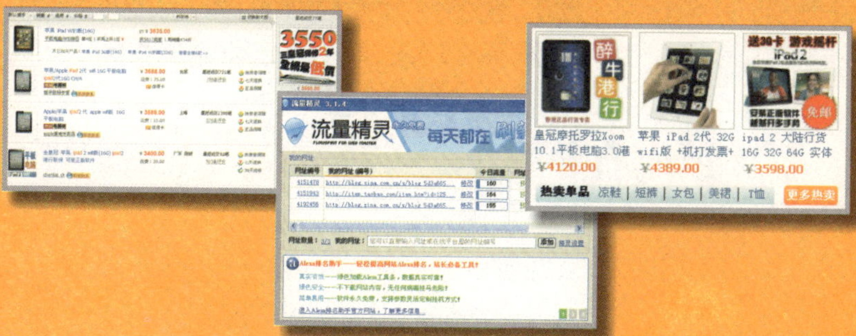

8.1 商品成交量低的原因

刚在淘宝开店的网友，最初都是满怀信心，觉得凭借着自己的才智和勤奋，一定能在淘宝赚到钱。但是现实却很残酷，很多新手卖家在淘宝网长时间零成交，如果把时间也算成成本的话，在淘宝网根本赚不到钱。在淘宝网上能赚到钱的只是少部分卖家。

商品成交量低、甚至卖不出去的主要原因有以下几个方面：

8.1.1 商品同质化严重

你有的商品，别人也有，你能想到的生意，别人早就想到了。即使某个领域是你最初想到的，但是你想到的这个领域门槛低，非常容易被效仿，会涌现出大量的跟随型竞争者。

8.1.2 简单复制竞争对手策略，搞恶性竞争

具体表现在价格上的恶性竞争——你便宜，我比你更便宜。实在不行，就用山寨货或假货以次充好。这种恶性竞争的结果是正规经营的卖家大都赚不到钱，假货横行。

8.1.3 买家找不到你的店铺和商品

很多新手卖家认为，只要把商品发布到网上，总有人看到，有人看到就会有卖出去的可能，这个想法过于理想。实际情况是很多新开店的卖家发布商品几周后页面的点击量仍是个位数。造成这一事实表面上看是我们前面提及的商品同质化严重的原因，更深层次的原因是卖家没有应用有效的营销手段。

8.2 如何在淘宝赚到钱

8.2.1 垄断或独家经营

通俗地讲，就是经营的商品只有你有，别人没有。买家要买的商品，可选的余地只有你这一家，在网站中搜到的结果是唯一的。这种情况下，你就可以在价格上占主导地位。你没有任何竞争对手，买家没有可以货比三家和价比三家的余地。

要实现这点，需要卖家拥有智慧，而且经营的商品门槛较高、不易仿制。

8.2.2 经营存在硬需求的商品

有些商品，对于买家而言是可买可不买的，例如一些休闲类的商品，买家不买也不会对其生活有本质上的影响，因为这些不是硬需求。而另外一些商品，对买家而言却必须买，因为不买会对其生活有影响。例如，一些考试的辅导教材，这对于考生而言是必须买的，不买就会对成绩有影响。

所以，卖家最初在选择经营商品时，要考虑自己所要经营的商品是不是存在硬需求。如果卖家经营的商品确实不存在硬需求，那么就要在商品描述上下文章，把买家可买可不买的商品宣传成有硬需求的商品。

8.2.3 加大营销推广投入

有投入才会有产出。投入包括两方面：一是经济上的投入，二是技术上的投入。经济上的投入主要指投一部分费用用于购买商品网络推广服务或给推广人员提成。技术投入主要采用一定的网络营销方法和营销技术推广自己的商品。

通过营销推广，能够彻底改变前面讲到的买家根本找不到卖家商品的局面，使卖家的商品在众多同类店铺中脱颖而出。细心的读者朋友可能会发现，我们一直没有提及信誉对商品销量的影响问题。几年前淘宝卖家之间的竞争主要来自于信誉的竞争，因为那时可供买家货比三家的店铺并不多，于是比的是信誉。从近年来的发展情况看，竞争已经从信誉竞争发展到谁能将店铺、商品推送到用户屏幕的阶段。

8.3 推广秘籍

8.3.1 淘宝直通车

有淘宝网购物经验的网友都会发现这样一个情况，每次登录淘宝网之后，都会弹出“每日焦点”界面。在该界面中，会推荐一些热卖商品，如图8.1所示。

不同的淘宝用户，“每日焦点”界面中推荐的商品是不同的。淘宝网会根据用户浏览商品的记录，分析出用户对哪些商品感兴趣，然后选择愿意支付一定费用的卖家利用“每日焦点”弹窗来推荐他们的商品。

这种弹窗形式是非常有效的推广手段，是建立在分析用户需求基础上的精准营销。

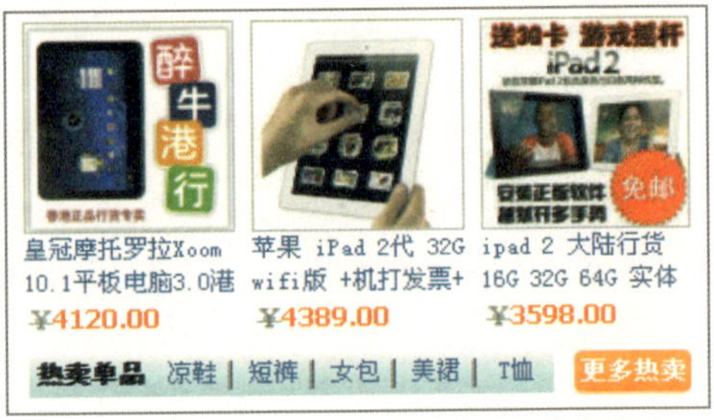

图8.1 “每日焦点”界面中推荐的商品

同样，当买家利用某关键词搜索特定商品时，会产生几十页甚至更多的搜索结果。在淘宝中，搜索结果是按照“默认排序”规则显示的。何为默认排序？就是将最好的位置留给支付营销费用的卖家，让他们的商品显示在最显著位置的排序。

例如，买家想买iPad，他肯定会在淘宝网中输入iPad查询有多少个可供挑选的商品。系统显示共有100个搜索结果页面，每个页面中都会有数十个关于iPad的商品。但是经过观察，不难发现，按照“默认排序”显示的页面，只有在第一页最上方显著位置的商品有大量成交和用户评价，而位于非显著位置和第一页之后的商品基本上没有成交。

这体现了淘宝中的成交规则：商品的位置对于商品销量有着重要的作用。商品位置不好，就难以被买家购买。这无形中又形成了一种循环，即越是销量大的店铺，越能够保持销量，而越是无人问津的店铺，销量越难以提升。

从图8.2所示的页面中可以看到，销量是递减的，排位越靠前的店铺，商品销量越高。

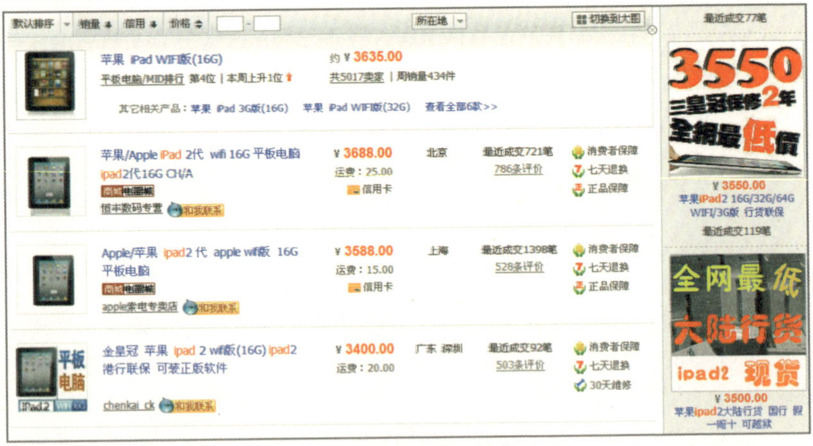

图8.2 商品销量和位置很有关系

可见，要想让商品卖出去，可供选择的营销方法有：

1）弹窗推荐；

2）让商品在检索结果中排序靠前；

3）让商品显示在搜索结果的关键位置。

建议卖家开通淘宝直通车服务实现上述营销方法。淘宝直通车的开户费用是500元，后续充值费用最低200元/次。淘宝网通过从卖家直通车账户扣除费用的方式来为卖家的商品做推广。例如，卖家开通了淘宝直通车后，商品经过弹窗推荐被买家点击，或因为排序靠前被买家点击，都会从直通车账户扣除费用。

首次使用“淘宝直通车”的用户，需要新建一个推广计划，用户也可以使用默认的推广计划，如图8.3所示。

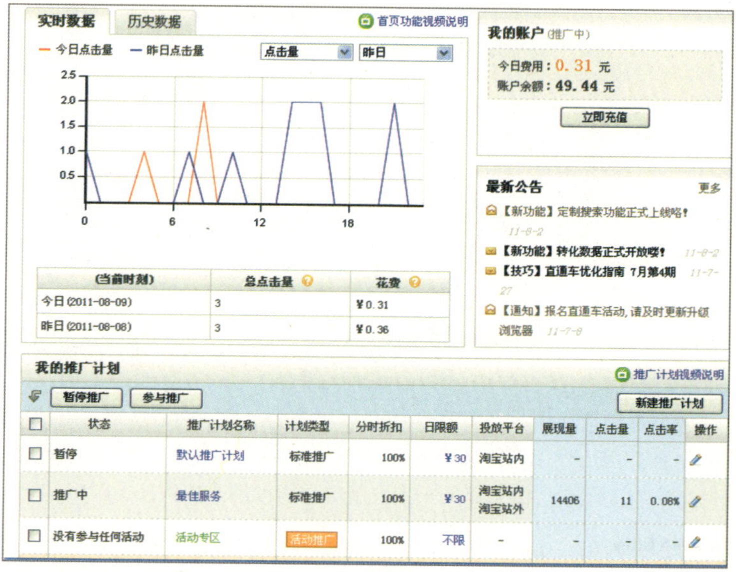

图8.3 新建推广计划

单击“操作”列中的编辑按钮，进入“推广中的宝贝”页面。在该页面中，单击“推广新的宝贝”按钮，如图8.4所示。

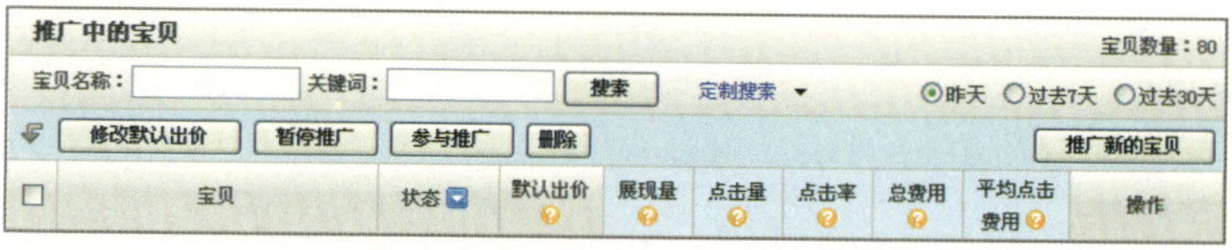

图8.4 单击“推广新的宝贝”按钮

这时，用户需要从正在出售的商品中选择需要推广的宝贝。选中后，弹出“添加关键词”页面，需要为宝贝添加关键词，如图8.5所示。关键词就是买家在淘宝搜索商品时会输入的内容。例如，想购买iPad的用户，一定会输入iPad。目前，淘宝直通车允许用户为同一商品设置200个关键词。这需要卖家转变角色，站在买家的立场上考虑，如果自己是来网购的，会使用哪些关键词。可以单击“系统推荐”和“相关词查询”选项卡查看系统推荐的关键词和其他卖家正在使用的关键词。

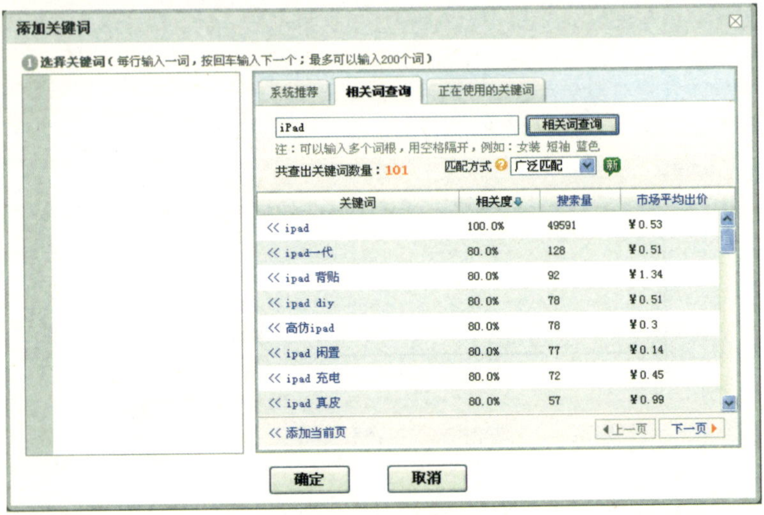

图8.5　添加关键词

设置完关键字后，用户需要选择“启用类目出价”然后在默认出价中填入价格，如图8.6所示。需要提醒的是，系统默认的出价是0.1元，也就是说，买家每点击参加直通车营销的商品一次，就会从卖家的账户里扣除0.1元。

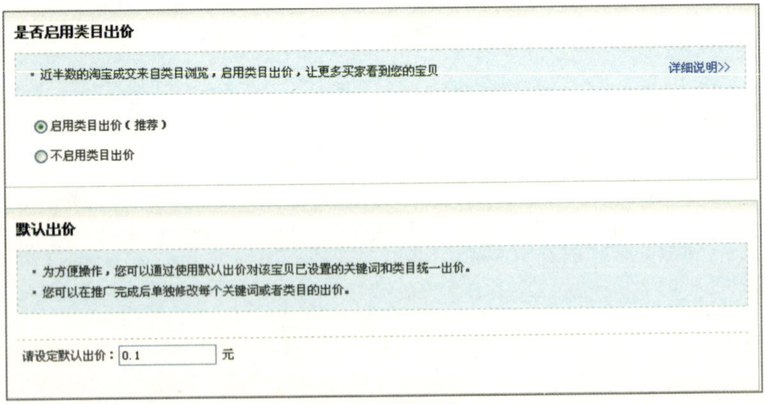

图8.6　设置价格

应用淘宝直通车有以下注意事项：

1）淘宝直通车是按照点击效果收费的，且每点击一次的最低收费是0.1元，所以并不是所有商品都适合开通淘宝直通车，一些利润低的商品，卖家要充分考虑是否值得利用直通车销售。

2）系统虽然允许用户对同一商品设置200个关键字。关键字的设置应以买家需求为根本出发点，为了追求关键字数量而忽视质量，难以起到营销效果，反而会浪费营销资金。

3）不同种类的商品，在直通车平台中的点击率是不同的，这和商品的性质有关系。一般数码产品、服装、香水的需求大，往往一天能有数千的点击量，而相对冷门的商品，每天才会有几个点击量。建议新手卖家在使用淘宝直通车时，设置“日限额”（如30元），优化每日营销费用的投入。

4）为了获得更多的展示和点击机会，卖家可以提高默认出价，淘宝将会根据竞价规则把更好的位置留给出价更高的卖家。

8.3.2 使用淘宝客

淘宝客也是一种非常有效的推广方式，其推广原理是将卖家收入的一定百分比奖励给推广商品的人。

卖家需要计算商品的利润后设定佣金。佣金就是给推广人员的提成。推广人员会利用他们自己的网站来推广卖家的商品。当卖家商品成交并收到货款后，会从账户中划走佣金给推广人员。

在淘宝网中点击“淘宝客推广”链接，即可打开“淘宝联盟”页面，如图8.7所示。在该页面中，单击“通用推广计划”链接。

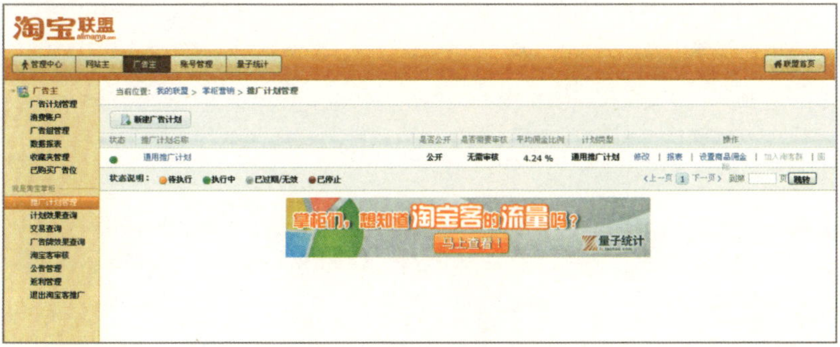

图8.7 “淘宝联盟”页面

卖家需要先单击“添加类目”按钮，选择所经营的商品对应的种类，并设置类目佣金，如图8.8所示。佣金越高，越能吸引推广人员。

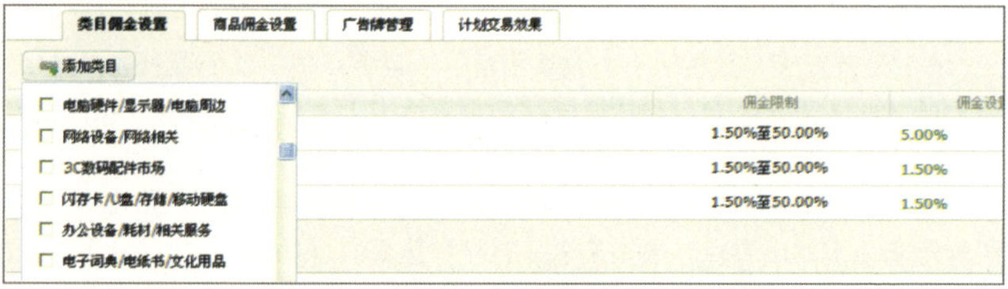

图8.8　设置佣金

也可以单击“商品佣金设置”选项卡，再单击“新增主推商品”来设置30个主推商品和具体的佣金，如图8.9所示。

图8.9　单击“商品佣金设置”

由于涉及佣金，且佣金是根据成交价格提取的，所以卖家应根据产品库存、价格谨慎计算提成后的利润。如果商品成为主推商品，将显示“已参加推广”。

单击“下一步设置商品佣金”按钮，为每个商品设置佣金，如图8.10所示。

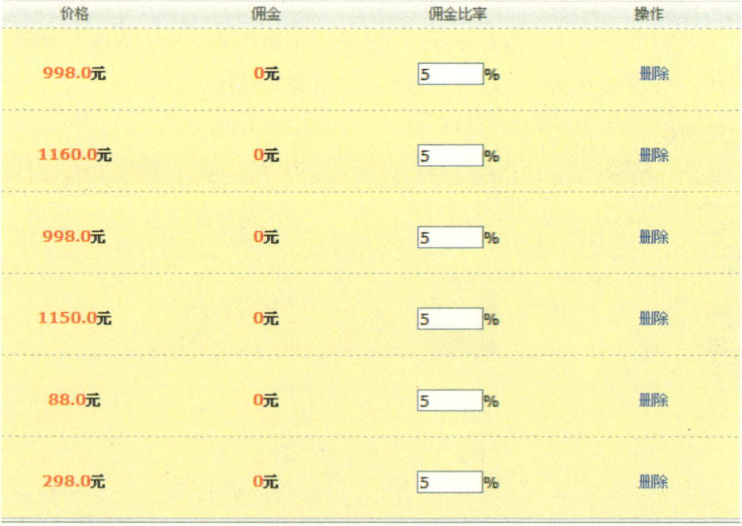

价格	佣金	佣金比率	操作
998.0元	0元	5 %	删除
1160.0元	0元	5 %	删除
998.0元	0元	5 %	删除
1150.0元	0元	5 %	删除
88.0元	0元	5 %	删除
298.0元	0元	5 %	删除

图8.10　为每个商品设置佣金

设置完成后，会提示“待生效”，淘宝客营销将会在12个小时后启动，如图8.11所示。例如，卖家的商品定价为998元，营销人员只要将商品成功推销出去，即可获得49.9元的收入。

998.00元	待生效 / 待生效 49.90元 / 5.00%	4件	0笔	可推广
1160.00元	待生效 / 待生效 58.00元 / 5.00%	1件	0笔	可推广
998.00元	待生效 / 待生效 49.90元 / 5.00%	3件	0笔	可推广
1150.00元	待生效 / 待生效 57.50元 / 5.00%	1件	0笔	可推广
88.00元	待生效 / 待生效 4.40元 / 5.00%	96件	0笔	可推广
298.00元	待生效 / 待生效 14.90元 / 5.00%	6件	0笔	可推广

图8.11 设置完成

淘宝客与淘宝直通有很大区别。淘宝客是交易成功后从卖家实际到账金额中抽取提成，交易未成功，或者买家拍下商品后未支付费用，都不会从卖家账户抽取佣金。淘宝直通车则不然，无论卖家商品是否成功售出，只要产生了点击行为就会扣除营销费用。

8.3.3 利用新浪微博做客服推广

可能有的读者会问，淘宝旺旺这种在线沟通工具挺好的，能实现一对一的交流，有了问题就能及时解决，为什么要搬到新浪微博里做客服呢?

从营销的角度看，新浪微博具有淘宝旺旺不具备的优势：

1）使用淘宝旺旺做客服，一次只能解答一个买家的疑问，态度好与不好，专业与否，只会对一个买家产生影响。对同一商品保持关注的买家之间是没有联系的，他们的购买行为是相对独立的。

2）使用微博做客服、解答买家问题，能产生围观效应。卖家与买家之间的互动，会被其他网友看到，卖家的服务态度与专业性，将会充分展现在诸多网友面前。利用微博还能够将具有潜在需求的网友转化成现实消费者。有些网友本身没有消费需求，但是看到微博中的其他人用了某些商品，购买了某商品，就会触发购买行为。

所以，建议卖家在店铺和商品链接描述中，给出自己微博的地址，不仅能够带来人气，还会产生持久的营销效果。

8.3.4 利用百度知道、百度百科和百度文库进行产品的推广

很多人看来，百度知道、百度百科和百度文库是用来查询资料的互联网平台。很少有人能够想到可以用它们进行产品宣传与推广。只要把商品宣传文字，以参考资料的形式发表在上述平台中就行了。

（1）百度知道

卖家需要注册几个百度账号。账号可用于百度知道、百度百科和百度文库。首先提一个和你店铺销售商品相关的问题。然后再用另外一个账号去回答你刚才的问题，最后给出店铺中商品的链接，说：“某某网站的这个商品，或许能够帮助你”。

这样，当他人再利用百度知道查询和商品有关的问题时，会看到你店铺的链接。这就相当于宣传了你的商品。

（2）百度百科

用百度百科推广商品的思路是创建或编辑关于商品的词条，当他人查询该词条时，会看到产品的信息。卖家可以在百度百科中，查找有无自己销售的商品相对应的词条，如果没有，用户可以创建新的词条。如果已有相对应的词条，可以对已有词条进行编辑，加入自己的推广信息。

使用百度百科应注意，不要发布生硬的广告，要学会将营销信息蕴含到介绍性的文字中。发布生硬的广告将有可能被删除。

（3）百度文库

利用百度文库进行宣传推广的思路是卖家将商品营销信息编制成常见的文档，然后上传到百度文库中，其他用户通过下载文档获得产品信息，如图8.12所示。卖家在编写文档过程中，可以加入商品的信息和购买方式。例如，卖家经营iPad平板电脑，可以写一个iPad平板电脑使用说明书，在说明书中提供自己店铺的信息。这样，对iPad说明书感兴趣的用户，下载浏览文档后会获得相关信息。卖家要注意的是网站支持的文档格式。

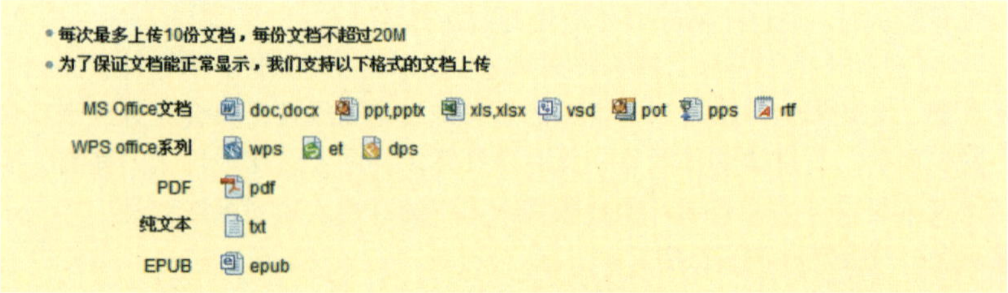

图8.12 上传文档到百度文库

除了百度文库外，还有其他网站也支持资料的分享，用户可以同时将制作好的文档，放到多个文库中。

8.3.5 利用博客进行商品的推广

利用微博从事商品推广，会受到140字的限制，无法对商品进行深度描述。建议在利用微博营销的同时，利用博客宣传自己的产品。博客除了在图片、文字容量方面更具优势外，还能被搜索引擎收录。

可以利用博客来写些软文，让互联网用户通过搜索引擎找到博文，不仅能够提升博客访问量，还能够促进产品的销售，推广自己的产品，

8.3.6 增加店铺、商品的访问量

增加店铺、商品的访问量对于商品销售有重要的作用：

1）利用人的从众心理，越是访问量高的店铺、商品，越容易成交；

2）访问量高的店铺和商品容易被搜索引擎收录，进而吸引来自搜索引擎的买家。

可以通过使用“流量精灵”软件来提升网店、商品的访问量。该软件的主界面如图8.13所示。

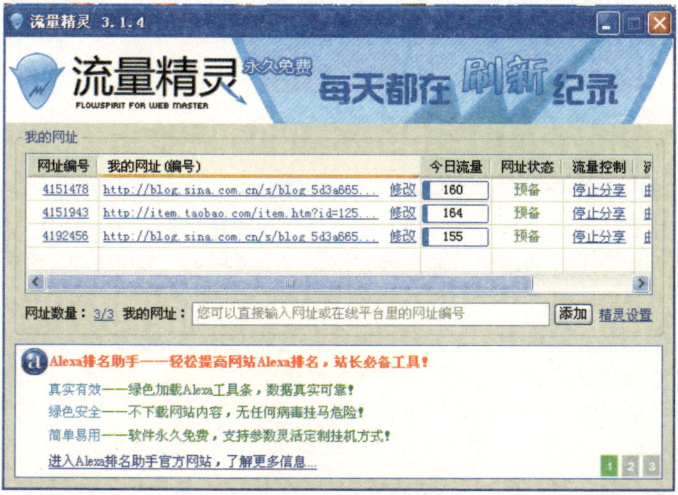

图8.13 流量精灵界面

用户下载安装完毕该软件后，在“我的网址”栏中，添加网店或商品的链接地址。该软件可根据电脑硬件配置情况添加3条或更多网址。添加完成后，软件即可自动运行，提升用户所提交网址的访问量。

8.3.7 在不同的C2C网站多开几家网店

由于目前淘宝网市场份额最大，所以新手都选择了在淘宝网开店。但是，从营销推广角度建议卖家应同时在拍拍、易趣、有啊等网站开店。

C2C网站的竞争具有不确定性，今天市场份额大的网站，不见得日后不被超越。卖家应有前瞻性，在主要的C2C网站上都要有自己的店铺。开店时间越早，对买家而言越可信。

不同的网店能够彼此促进销售。例如，在拍拍网的店铺可以给出淘宝店铺的地址，方便了使用不同支付方式的用户购买商品。

8.4 网络软文营销

店主还可以利用论坛、博客撰写软文来推广自己的商品。

8.4.1 什么是软文

软文具有一般文字作品的特点，用文字表达不同的思想或主题，用不同的文字来表现其内涵与风格。软文在店铺形象宣传、产品市场推广与销售、品牌建设等方面起到了不同程度的宣传作用。

8.4.2 软文写作要点

（1）在书中找灵感，在名人博客中学习

如果没有软文写作经验，一开始会觉得特别没有头绪，无从下手。这个时候不妨看一些营销类书籍，因为软文的写作灵感可以从书本中找到。营销的书籍中都有丰富的案例，而这些案例就是软文素材，可以针对这些素材引申、扩展自己的结论。

除了书本上的知识，还需要关注一些互联网上专业级的个人博客。因为这些博客介绍给大家的知识都是很容易操作的，都是来自于博主们的个人经验总结，单独把这些博客拿出来就是很好的软文。

提示 虽然现在可以从书本中和博客中获得足够的灵感，帮助写出内容丰富、精彩的软文，但需要注意的是——不要一味抄袭。从书本的素材知识中引出自己的结论，从博主们的思路中找到自己独特的思路，这样的软文才有新意，才有自己的风格与特色。

（2）软文标题要有噱头

标题是软文的核心。软文要想成功，费尽心思去策划构思标题是必不可少的。

软文标题有五大原则：①高度概括文案内容，要使人们看到标题就能理解文案的具体信息内容是什么。②坚持简洁明快的原则，虽然没有硬性规定，但是标题的字数还是7～15字为宜，这是符合人类记忆规律的。③独具个性，如同广告需要创意一样，标题同样要富有刺激性和吸引力，才抓得住眼球。④避免成为万人唾弃的“标题党”，文案标题的内容应是具体实在的，而不能含糊其词或过于抽象，为了吸引眼球而把标题写得太过出格，完全不符合文章内容，那么你就成了标题党，这会带来非常坏的影响，就算吸引了大量眼球那也不是目标受众，这属于无效流量，起不到任何宣传作用。⑤契合SEO，SEO（Search Engine Optimization），汉译为搜索引擎优化，是较为流行的网络营销方式，主要目的是增加特定关键字的曝光率以增加网站的能见度，进而增加销售的机会。在搜索为王的网络时代，搜索引擎营销成为主流方式，而SEO作为免费的SEM手段更是重要。有时候文案主要就是为了SEO服务的，所以就需要考虑SEO对于文案标题的一些标准。首先是字数不要超过30个字，其次是标题要含有要优化的关键字，这样才能被搜索到。

提示

标题的样式有9种：

1）宣事式标题：如实地将广告正文的要点简要地摆明，使人一目了然，这是目前采用较多的形式。

2）新闻式标题：直截了当地告之消费者新近发生的某些事实。多用于介绍新上市产品或生产企业的新措施，目的在于引起大众关心而转读正文。它也是宣事式的一种。

3）颂扬式标题：这类标题网络不常见，因为正面的方法来积极地称赞广告商品的优点，不太符合网络阅读习惯。

4）号召式标题：用带有鼓动性的词句作标题，号召人们从速作出购买决定。

5）提问式标题：通过提出问题来引起关注，从而促使目标受众发生兴趣，在思想上互动，启发他们的思考，产生共鸣，留下印象。

6）悬念式标题：用令人感兴趣而一时又难以作出答复的话作为标题，使读者由于惊讶、猜想而读正文。

7）对比式标题：通过对同类商品的对比，突出本产品的独到之处，使消费者加深对产品的认识。但有关广告条例规定，不能直接指出对方名作对比，所以，对比时采用泛比为宜。

8）寓意式标题：主要是利用比喻的修辞方法，使标题增加新意，加深人们的印象。这种标题形式上处处为消费者着想，容易引起消费者好感。

9）热门式标题：文案标题或是内容，行文契合网络文化、联系网络热门事件和热点话题或者网络流行语。

（3）软文要有娱乐精神

因为网络是一个娱乐大平台，所有网络事件的诞生都离不开娱乐的成分。网民上网冲浪，所寻求的无外乎是幽默搞笑一下、围观一下、猎奇一下等，这些都是网民的网络生活必有的情趣。因此，成功的网络传播软文大多具有娱乐性质，有娱乐才有传播。在撰写网络软文时，加上一些网络语言，可让文章显得幽默、搞笑。但是有很重要的一点需要注意，如果你套用的网络语言已经泛滥，并且引起网民反感了，比如曾经的“给力”、“不给力”等，那么就要慎重使用了。这些词汇一旦无新意，就会产生审美疲劳，造成负面效果。因此，必须要使用当下最流行、最潮流的网络语言。第一时间获得这些网络语言的方法很多，比如关注一些潮流博主的微博，当下在流行什么网络语言，他们都能第一时间分享。

（4）不要纯粹为了打广告，多从读者角度出发

你的文章必须是真实的，不要弄虚作假，更不要抱着只为了推广自己的商品而刻意地推广，寥寥几个广告式的用语后，就赤裸裸贴上自己的链接，那样是对读者的不尊重，是对论坛的不友好。你可以发表一些公正的言论，委婉的把自己的网站以客观的事实叙述出来，这样的话，版主不会删除你的帖子，读者们会喜欢上你的贴子，有些论坛不允许发布链接，你就可以上传一张图片。现在已经有专门针对文字转换图片而生的软件和网站了，轻轻松松就把你想要的文字转换成图片。

提示

所上传的图片，最好是自己店里的产品照片，附带上店铺的水印地址。比如服装的软文，主要是通过人来展现出来的，那么上传一张唯美的人像服装照片，最后加上自己的网站地址，导致许多人都根据网址点击进去，最终诱使读者成功消费。或者你是搞家装装饰的，就使用一些真实的图来渲染你的软文。毕竟软文只有通过真实的描述才能达到最终的目的。

其实，写高质量的软文就是要多换位思考一下，多站在读者的角度想一下，做到在思考中成长。写软文的最终目的是：让读者看到的软文不认为是广告，管理员不认为是垃圾广告。

勤借鉴、勤思考，长此以往，你的软文不仅读者喜欢，而且管理员也不会删除，说不定还可以弄成精华帖。那样的话，你的目的就达到了，这就是非常理想的高质量软文。